恩格斯图传

全球手稿档案、文献史料、艺术作品的集中呈现

张远航 —— 编

中央编译出版社
Central Compilation & Translation Press

图书在版编目(CIP)数据

恩格斯图传:全球手稿档案、文献史料、艺术作品的集中呈现/张远航编.——北京:中央编译出版社,2022.5(2024.12 重印)

ISBN 978-7-5117-4072-4

Ⅰ.①恩… Ⅱ.①张… Ⅲ.①恩格斯(Engels, Friedrich 1820–1895)—传记—画册 Ⅳ.①A726

中国版本图书馆 CIP 数据核字(2021)第 242612 号

恩格斯图传:全球手稿档案、文献史料、艺术作品的集中呈现

责任编辑	李媛媛
责任印制	李 颖
出版发行	中央编译出版社
地　　址	北京市海淀区北四环西路 69 号(100080)
电　　话	(010)55627391(总编室)　　(010)55627310(编辑室)
	(010)55627320(发行部)　　(010)55627377(新技术部)
经　　销	全国新华书店
印　　刷	佳兴达印刷(天津)有限公司
开　　本	787 毫米 × 1092 毫米 1/16
字　　数	94 千字
印　　张	18.75
版　　次	2022 年 5 月第 1 版
印　　次	2024 年 12 月第 2 次印刷
定　　价	128.00 元

新浪微博:@中央编译出版社　　微　信:中央编译出版社(ID:cctphome)
淘宝店铺:中央编译出版社直销店(http://shop108367160.taobao.com)(010)55627331
本社常年法律顾问:北京市吴栾赵阎律师事务所律师　闫军　梁勤
凡有印装质量问题,本社负责调换,电话:(010)55626985

目录

第一章　探索真理　001

第二章　走向无产阶级革命道路　051

第三章　投身1848—1849年欧洲革命　083

第四章　曼彻斯特二十年的坚守与担当　125

第五章　积极参与领导国际工人协会　165

第六章　与马克思朝夕相处的最后十年　197

第七章　整理出版马克思遗著　221

第八章　世界无产阶级的伟大导师　239

第一章

探索真理

1820年11月28日，弗里德里希·恩格斯诞生于德国巴门市。巴门坐落于莱茵河支流伍珀河谷地，四周山峦起伏，林木苍翠。今天，这座城市和比邻的埃尔伯费尔德市合并，成了伍珀塔尔市。德国的工业最早是在莱茵河一带发展的，在恩格斯出生前半个世纪，这里就出现了德国第一台水力发动纺纱机，到19世纪初，巴门已经成为德国著名的纺织业中心，被称为"德国的曼彻斯特"。

恩格斯家族从16世纪起定居在巴门，是当地的名门望族。恩格斯的曾祖父于18世纪末期在巴门创办了一个纺织工厂，经过几代人的经营不断发展壮大，到恩格斯父亲经营时已经成为了当地数一数二的大企业。

离伍珀河不远的布鲁赫街 173 号就是恩格斯故居，这是一幢三层楼房，大方石作基，青灰石瓦作顶，房子四周是一个大花园，里面长着葱郁的树木，恩格斯小时候常和弟弟妹妹们在这里玩耍。

房子的旁边竖立着一座朴素的石碑，上面刻着："此处是我市伟大儿子弗里德里希·恩格斯的诞生地，他是科学社会主义创始人之一。"恩格斯在伍珀塔尔出生、长大，他曾是这里最不受欢迎的人。今天，这个城市把他叫做伟大的儿子，他的家成为一个纪念馆，每年有成千上万的游客从世界各地前来参观，表达对伟人的崇敬和怀念。

1　19世纪的巴门风景。19世纪上半叶，巴门是莱茵省的纺织业中心。

2　现位于伍珀塔尔市的恩格斯故居博物馆

恩格斯的父亲是一个精明的工厂主，也是一个虔诚的基督教徒。他性情暴躁、专横独断，在家里要求子女必须无条件地相信《圣经》，孩子们稍有违抗，他就严厉训斥。恩格斯长大后回忆称自己的家庭是一个"彻头彻尾的基督教的、普鲁士的家庭"。

恩格斯的母亲爱莉莎却非常宽厚仁慈，她出生于教师家庭，热爱文学艺术，性格开朗乐观，十分爱笑。后来，恩格斯碰到困难时，多次得到了母亲的关怀和帮助。与父亲不同的是，恩格斯与母亲的关系一直很好，他一生都衷心地爱戴着自己的母亲。

3

3 恩格斯的父母亲

4 恩格斯的出生证书

5 恩格斯的父亲老弗里德里希·恩格斯在《埃尔伯费尔德日报》刊登的恩格斯出生通告,通告如下:

昨晚,我亲爱的妻子幸运地生产一健康男婴。
1820 年 11 月 29 日于巴门
弗里德里希·恩格斯

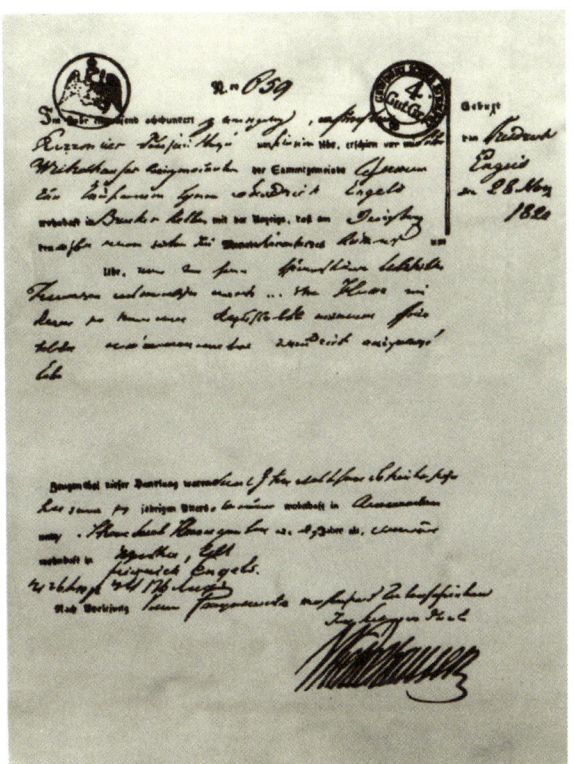

4

5

恩格斯从小性格刚强、思想独立，从一封保存下来的恩格斯父亲写给他正在娘家探亲的妻子的家书中，可以了解到少年恩格斯表现出的"叛逆"精神。信中说："弗里德里希上星期的成绩一般。你知道的，他表面上变得彬彬有礼，尽管先前对他进行过严厉的训斥，看来即使害怕惩罚也没学会无条件地服从。例如，令我感到懊恼的是，今天我又在他的书桌里发现一本从图书馆租借的坏书，一本关于13世纪的骑士小说。值得注意的是他把这类书籍摆在书柜里而满不在乎。"

在9个兄弟姐妹中，恩格斯是老大。他的几个弟弟长大后都继承父业，走上经商道路，几个妹妹后来也嫁给了商人，唯独恩格斯选择了不同的道路。马克思的女儿爱琳娜后来在一篇文章中写道："恩格斯出生的家庭在社会上极有地位。也许这种家庭还从来不曾有过像他那样生活道路完全和家世背道而驰的子弟。在这个家庭里弗里德里希被看做'丑小鸭'是可以想见的。也许他的亲属直到现在还不了解这只'小鸭'实际上是一只'天鹅'。"

6

6 少年时代的恩格斯（中国画）高莽。恩格斯的外祖父是一位语言学家，曾任哈姆文科中学校长。恩格斯和他七个弟弟妹妹童年的许多时光都在外祖父和外祖母身边度过。画中长者为恩格斯的外祖父。

1829年，恩格斯进入巴门市立中学读书，学校的宗教氛围和他的家里一样，恩格斯对这种不自由的环境很厌恶，他称这所学校是"监狱"。5年后，13岁的恩格斯进入当时普鲁士的重点学校埃尔伯费尔德文科中学上学。这所学校的民主氛围较浓，很多教师是反对封建主义的自由主义者。

恩格斯学习了外语、宗教、历史、地理、数学、物理、哲学等课程，并在各个学科中都取得了较好的成绩。恩格斯的中学肄业证书上写着：该生在高年级学习期间操行优异，特别是他的谦虚、真诚、和善给教师们留下良好的印象；该生不仅资质很高，而且表现出一种力求扩大自己的科学知识的值得赞许的愿望，因此取得了可喜的进步。

恩格斯下了很大的工夫学习外语，他中学时就学习并掌握了希腊文、古拉丁文、法语等；70多岁时，他还在坚持学习罗马尼亚文。据统计，恩格斯能阅读20种文字，用12种语言谈话和写文章。语言方面的才能为恩格斯后来开展国际问题的研究，以及与各国的革命者建立联系等提供了极大的便利。

生活在莱茵省这样一个大工业中心，恩格斯自幼就目睹了劳动人民一贫如洗的景象，他在一篇文章中怀着深切的同情描写道："下层等级，特别是伍珀河谷的工厂工人，普遍处于可怕的贫困境地；梅毒和肺部疾病蔓延到难以置信的地步；光是埃尔伯费尔德一个地方，2500个学龄儿童中就有1200人失学。"

这个仁慈的少年常把自己少许的积蓄，全数地施舍给那些栖身于草棚、马厩和楼梯间的穷苦工人。然而，在自己诞生的社会圈子里，恩格斯看到的却是伪善的工厂主。他们每周去教堂作礼拜，却不顾工人的死活，恩格斯对此十分愤慨。

工人如何才能摆脱贫困？人类的自由应该去哪里寻找？小恩格斯还找不到这些问题的答案，但他的爱憎变得越来越分明了。他在第一篇公开发表的政论文章《伍珀河谷来信》中发出了坚定的声音："这个旧昧主义的断崖也抵挡不住时代的巨流，沙石一定会被流水冲走，断崖一定会轰然倒塌。"

7

8

7　巴门市立学校。1829年恩格斯进入该校读书,学习了一些物理和化学初级教程,这对他日后研究自然科学起到了很大帮助。

8　埃尔伯费尔德文科中学。1834年,恩格斯进入这所学校学习,在一批进步教师的影响下,开始了自己生活中新的一页。

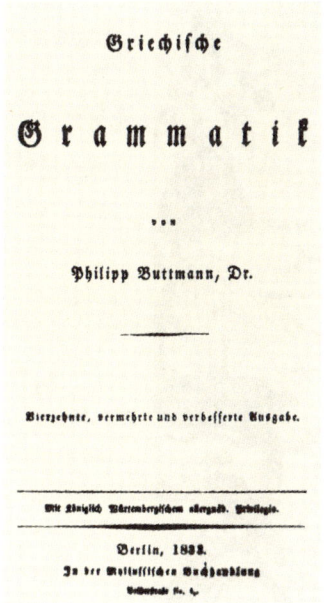 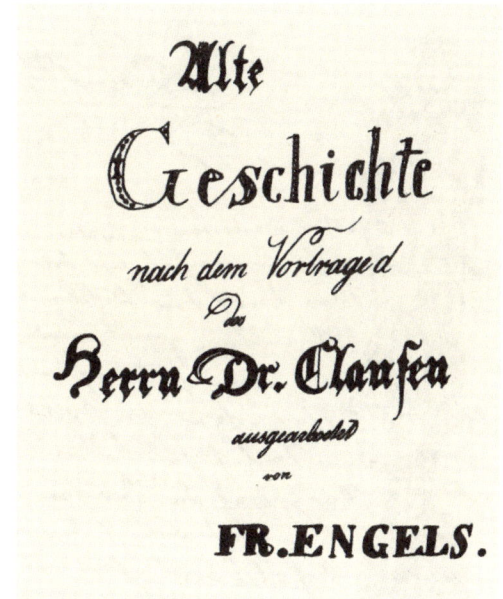

9   10

9 恩格斯用过的教科书

10 恩格斯的古代史笔记

11 1834年恩格斯在古代史笔记本上所作的画

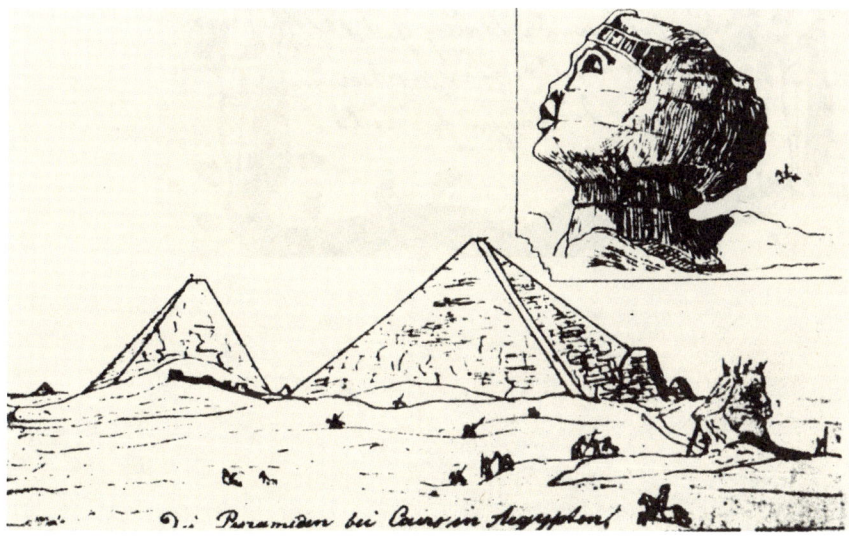

11

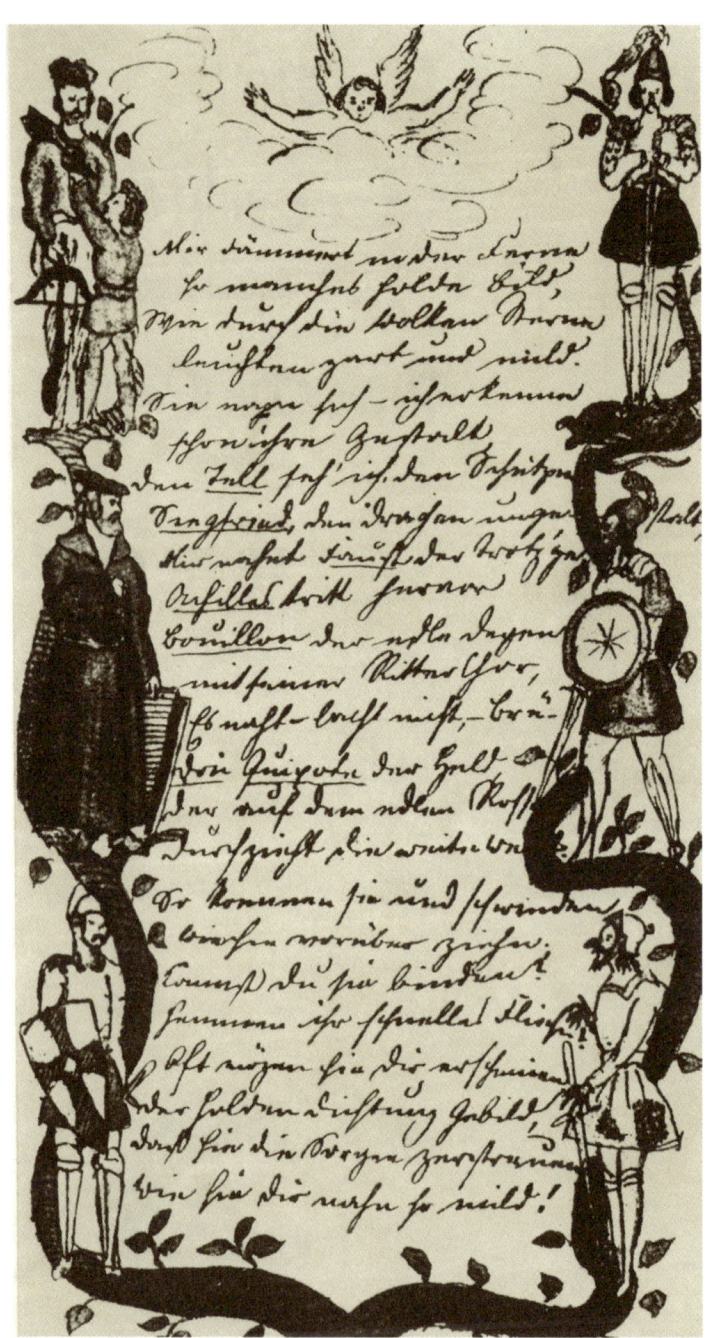

12

12　1836年恩格斯所写的诗歌《我看到远方闪烁着光芒》,页边的素描为恩格斯所作。

13

14

13　恩格斯家在恩格斯基兴的工厂（版画）佚名。1837年，恩格斯的父亲在巴门附近的恩格斯基兴同曼彻斯特欧门家族合办了欧门 — 恩格斯纺纱厂。

14　陈列在恩格斯故居博物馆的纺织机器

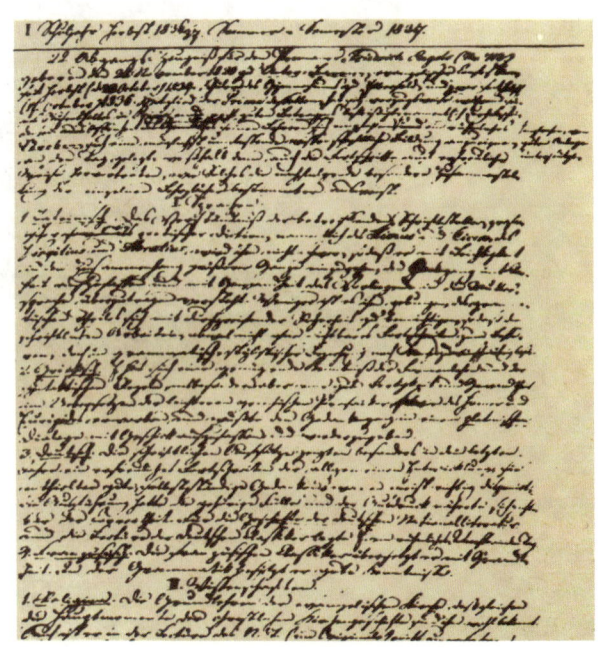

15

15 接触社会（油画）邓澍。从学生时代开始，恩格斯十分注意观察生活，对资本主义制度下劳动人民的社会状况和精神状况深感同情，为自己开辟了一条深入了解劳动人民生活的道路。

16 恩格斯的肄业证书。恩格斯希望中学毕业后升入大学找到自己的理想道路，但迫于父命不得不于1837年9月退学到父亲开办的公司学习经商。埃尔伯费尔德文科中学代理校长汉契克博士在证书中称赞恩格斯善于清楚准确地表达自己的思想。

恩格斯原本打算中学毕业后继续上大学，学习经济学和法学，但他的父亲一心希望长子能继承家业。在离中学毕业还有 9 个月时，恩格斯迫于父亲之命退学前往他家开办的公司学习经商。第二年 7 月，17 岁的恩格斯又被父亲派往德国北部的不来梅市，在父亲朋友的商行里继续学做生意。

不来梅是世界贸易的商港，恩格斯在这个繁华的商埠里每天处理商业信函，同商人、船员等各种人打交道。然而他对经商没什么兴趣，一有时间他就读书。不来梅是当时德国四座自由城市之一，在巴门严禁出版和销售的进步刊物在这里通行无阻，资产阶级民主思想十分活跃。恩格斯如饥似渴地阅读各国报纸，研读文学、哲学书籍，接触和吸收新思想、新知识。他写信告诉朋友说："面对着本世纪的种种明晰的思想，我夜不能寐。当我站在邮局旁望着普鲁士的国徽时，自由的精神扣我心弦；每当我阅读报刊，我就寻找自由所取得的进展。"

17

18

17　19世纪中叶的不来梅。恩格斯在父亲的公司工作一段时间后，1838年7月来到不来梅，在批发商兼萨克森领事亨利希·洛伊波尔德的商行继续学做生意。

18　1840年恩格斯所作的不来梅港速写画

19　1838年恩格斯所作的不来梅马蒂尼教堂

恩格斯在最初的文学作品中表达了对笼罩着德国土地的封建制度的不满和对自由的向往，这是他 19 岁时发表在《德意志电讯》上的诗歌《黄昏》：

"西方的霞光已经泛白，再等一等——
自由曙光就会出现；
黑夜正在消失，带走了它的苦难，
旭日东升，喷吐出不灭的火焰
……
我就是这样一个自由的歌手，
白尔尼就是那株巨橡，
当压迫者给德意志戴上枷锁，横加蹂躏时，
我曾依偎在它的枝干上。"

恩格斯在巴门出生，在不来梅成长，这两个城市都盛行着禁锢人们思想的虔诚主义。摆脱虔诚主义束缚，成为恩格斯光荣一生的伟大斗争的开端。此时的恩格斯开始对儿时的信仰展开斗争，他说："我每天甚至整天都在祈求真理；我只要开始怀疑，我就这样做……哪怕是仅仅有希望找到真理的影子；但是我不能承认你们的真理是永恒的真理。"终于，在批判宗教的著作的影响下，恩格斯经过内心的激烈斗争与宗教信仰决裂了，转而研究黑格尔哲学。

20

20　商行练习生的业余生活（版画）汪晓曙。恩格斯在不来梅不断接触当时各种进步思想，潜心学习和研究语言学，阅读并研究了文学、哲学、神学、宗教等著作。

21

22

21 恩格斯语言天赋极高,他在中学时代便使用古希腊语和古拉丁语进行阅读,还学会了法语。到不来梅后,又刻苦学习了英语、意大利语、西班牙语、葡萄牙语、荷兰语等。这是恩格斯1839年4月用英语、意大利语等9种语言写给威·格雷培的信。

22 恩格斯热爱文学,积极参加在海涅等人影响下出现的团体"青年德意志"的活动,并在反映该团体观点的杂志《德意志电讯》上发表文章。这是恩格斯1839年在《德意志电讯》上匿名发表的第一篇政论文章《伍珀河谷来信》,该文反映劳动人民的悲惨遭遇和极度贫困,揭露资产阶级的贪婪和虔诚派教士的伪善。

23 恩格斯写的诗剧《科拉·迪·里恩齐》手稿

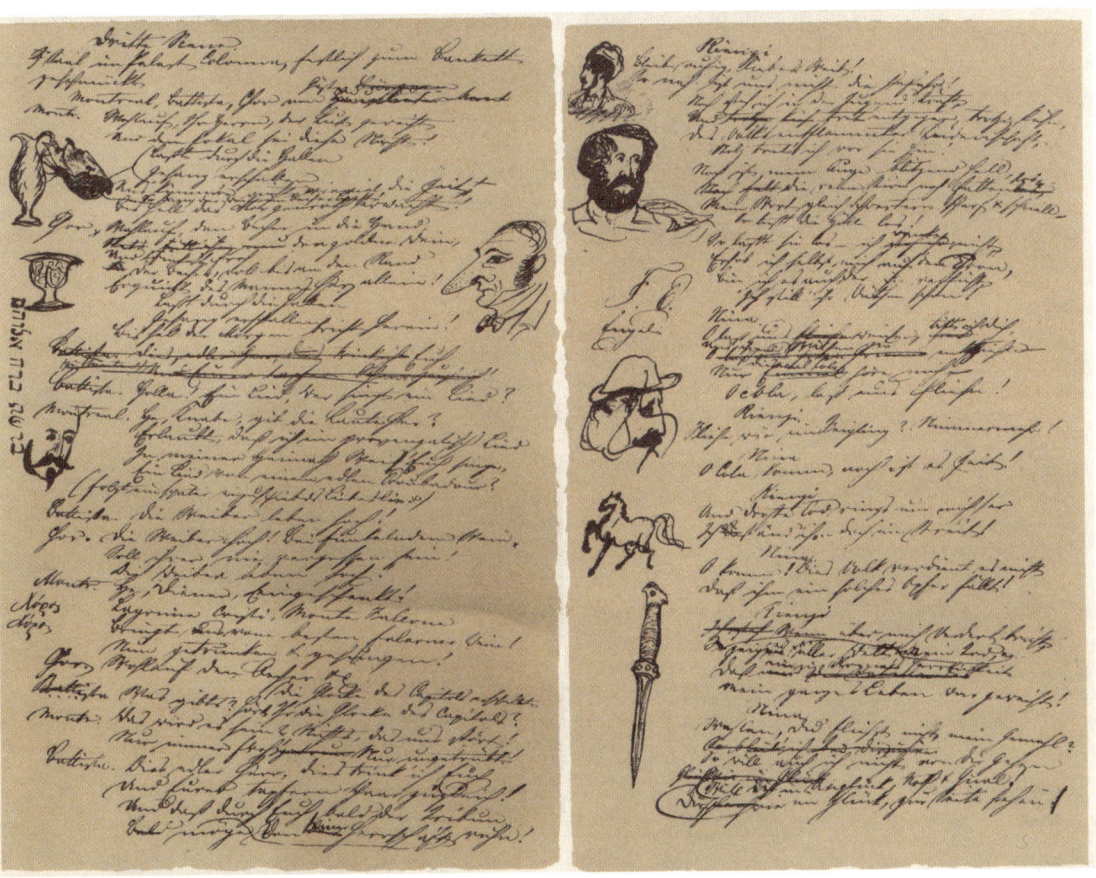

当时，德国的哲学处于兴盛时期。有人是这样形容的：18世纪的社会革命在英国是工业革命，在法国是政治革命，在德国仅仅是头脑中的革命，即哲学革命。这种革命在黑格尔的哲学中发展到最高峰。

恩格斯被黑格尔的辩证法深深吸引，非常用心地钻研黑格尔的著作。他在写给友人的信中说："我正在钻研黑格尔的《历史哲学》，一部巨著；这本书我每晚必读，他的宏伟思想把我完全吸引住了。"恩格斯称自己"走上了通向黑格尔主义的大道"。

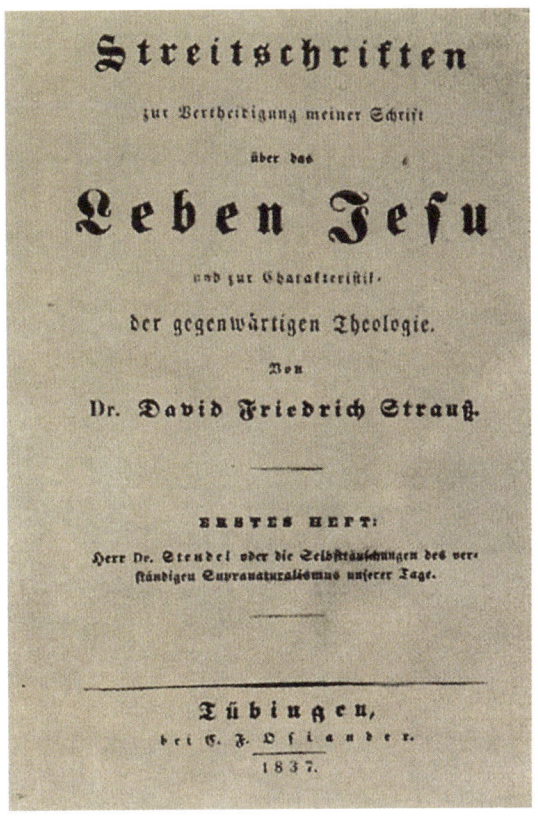

24 1839年恩格斯的画像

25 恩格斯通过研读青年黑格尔派代表人物大卫·施特劳斯的《耶稣传》,实现了与宗教信仰的决裂,成为无神论者,并开始钻研黑格尔哲学,汲取辩证法的精华。这是施特劳斯的《耶稣传》。

读书之余,恩格斯从未放弃过生机勃勃的生活,他认为:"工作、生活、青年人的勇气,这才是真正要紧的地方。"他常兴致勃勃地与同伴一起骑马、击剑、游泳,乘船游览不来梅港湾。他钻研音乐理论,学习作曲。1841年3月,恩格斯去剧院听了贝多芬的《第五交响乐》后写信给妹妹玛丽亚说:"昨天晚上听的才是真正的交响乐呢!如果你没有听过这部宏伟壮丽的作品,那么你一生就根本没有听过任何音乐。"

恩格斯喜欢把自己感兴趣的东西画下来,不来梅港口的风光、施拉赫德街上的马车在他的笔下栩栩如生。恩格斯还特别擅长画人物漫画和速写,寥寥几笔就能把人物勾画得活灵活现。

26　恩格斯不仅广泛涉猎各种学科,他还展示了良好的艺术才能。他在书信和文学习作中,留下了大量画作。

1841年9月下旬，年满20岁的恩格斯应征服兵役。他来到柏林近卫炮兵旅，在第十二步兵连当一名炮手。恩格斯服兵役的地点在柏林库普弗格拉本广场旁，这个兵营今天已经用他最著名的服役者的名字命名——弗里德里希·恩格斯兵营。

27　当年恩格斯服兵役的库普弗格拉本广场的近卫炮兵旅兵营

恩格斯绘制了自己服兵役时的画像。他当时在写给妹妹的信中是这样形容自己的:"我的军服很漂亮:它是蓝色的,衣领是黑色镶两道黄色宽条;袖口黑色镶黄条,上衣下摆镶着红条。此外还有镶白边的红肩章。请你相信,这套军服穿起来给人以一种很有气派的印象,我可以到展览会去展览啦。"

28　1842年1月5—6日,恩格斯给妹妹信中的军装自画像。

正如营业所的工作把恩格斯变成了一个能干的商人一样，兵营里的训练也使他成为了一个优秀的军人。从恩格斯服兵役起直到他生命的终结，对军事问题的研究贯穿了他的一生。恩格斯的军事著作占他全部论著的近四分之一，他在军事理论方面的贡献使他赢得了大军事家、炮兵专家等称号。有人评价说，恩格斯的军事思想与当时欧洲战场上一些实战家相比也毫不逊色。

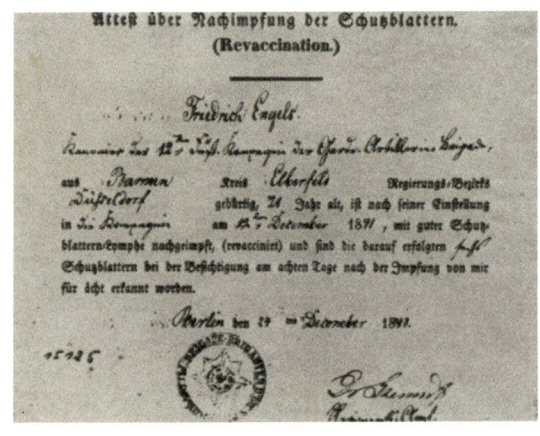

29

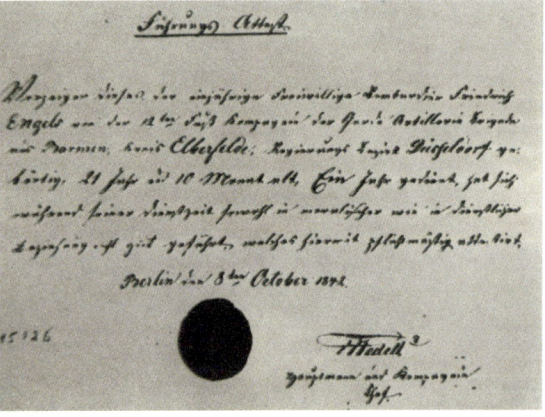

30

29　恩格斯的防疫注射证
30　恩格斯服役期间的品行证书，其中写道："服役期间品德和执勤表现优异。"

"在柏林这样的城市，一个外国人如果不参观这个城市的全部名胜古迹，那么对他自己、对欣赏能力都是真正的犯罪。"这是恩格斯对柏林的形容。在军事操练的间隙，恩格斯有时会漫步街头，但更多的时候，他去了他所认为的这个城市最著名的地方——柏林大学。恩格斯常去听课，有时甚至穿着军服去。

当时的柏林大学是进步势力同封建势力斗争的场所，被称为"思想斗争的舞台"。恩格斯在《一个旁听生的日记》中记录到：柏林大学的教师中"有各种派别的代表，从而造成活跃的辩论气氛，而这种气氛又使学生们轻而易举就对当代各种倾向有清楚的了解。在这种情况下，我就想行使一下当前大家都可以作为旁听生听课这一权利。"

31　柏林大学的旁听生（油画）林婴、李天祥。恩格斯在业余时间，常常到柏林大学旁听哲学、神学和文学课程，详细考察宗教批判的现状和最新成果。他深入研究康德、费希特、苏格拉底、柏拉图、斯宾诺莎，把哲学看成是"一切科学的灵魂"。

32 恩格斯在写作(版画)汪晓曙。恩格斯在柏林大学期间写下了《谢林和启示》《谢林——基督哲学家》等著作,对柏林大学教授谢林宣扬基督教启示哲学、攻击黑格尔哲学的言论进行了批判,积极评价黑格尔的辩证法哲学。

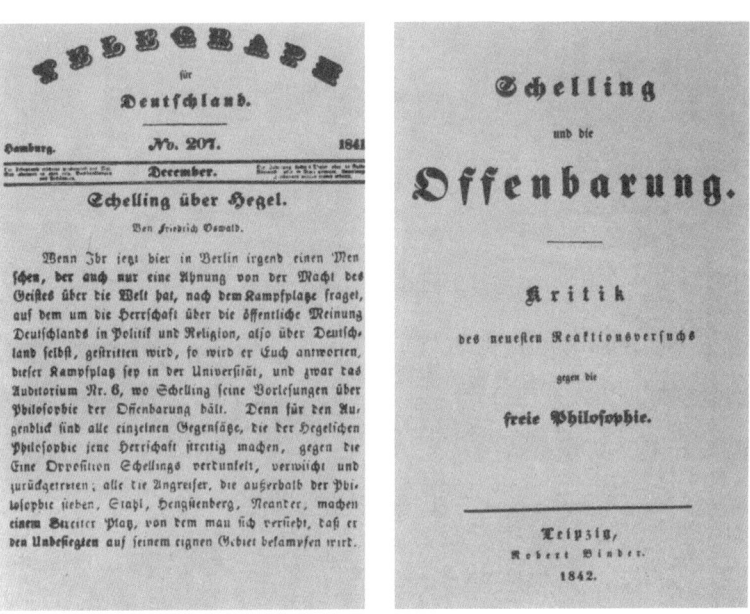

33　《谢林和启示》和《谢林——基督哲学家》

在柏林，恩格斯结识了青年黑格尔派。此时曾经在青年黑格尔派中进行过卓越活动，被视为"精神中心"的马克思已经离开了柏林。虽然此时恩格斯还未结识马克思，但他已经通过青年黑格尔派的介绍和《莱茵报》上的文章了解了马克思，对马克思的才华和斗争精神十分钦佩，称尚未谋面的马克思为"血气方刚的特里尔之子"。

住在柏林的最后几个月，恩格斯与青年黑格尔派越来越疏离。青年黑格尔派坚持唯心主义，看重理论，轻视实践，而恩格斯受到费尔巴哈《基督教的本质》等著作的启示，开始转向唯物主义，主张通过哲学和革命行动的结合，科学与现实生活统一，使"思想获得生命"。恩格斯最终与青年黑格尔派分道扬镳，踏上了崭新的人生道路。

34

34 在柏林"自由人"中间（油画）崔开玺。恩格斯抨击谢林的文章击中了基督教正统主义者的要害，引起了哲学界和进步报刊的关注。恩格斯还参加了青年黑格尔派的小团体"自由人"的活动，经常同他们在邮政局大街的"老邮局"酒店里聚会。

35

35 恩格斯1842年作的漫画：卢格在柏林"自由人"中间。

36 恩格斯和鲍威尔合写的抨击宗教黑暗势力的讽刺叙事诗小册子——《横遭威逼但又奇迹般地得救的圣经，或信仰的胜利》。

37 在柏林期间恩格斯还研究了路德维希·费尔巴哈的《基督教的本质》，深受费尔巴哈唯物主义思想的影响。这是费尔巴哈的《基督教的本质》。

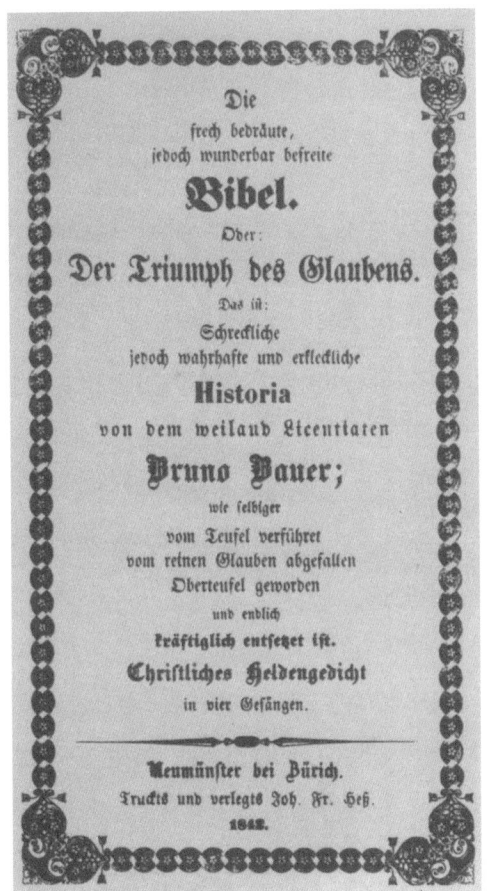

36

37

1842年11月一个浓雾弥漫的日子里，22岁的恩格斯从荷兰乘轮船渡海西行，到达英国后，又沿泰晤士河上溯到伦敦，改乘火车到了曼彻斯特，来到他父亲入股的"欧门—恩格斯公司"学习经商。

恩格斯曾在家乡对资本主义制度的初期状况有所接触和认识，但英国曼彻斯特的社会状况，完全把他引入了一个新的世界。18世纪中叶，英国率先发生了工业革命。19世纪初，英国的工业产品几乎占了世界工业产品的百分之五十，运河、铁路、海港联通、银行、金融比欧洲大陆先进得多，比德国整整早了一个时代。

工业革命首先是从棉纺织业开始的，曼彻斯特是英国纺织工业的发源地。18世纪80年代，第一家棉纺织厂在曼彻斯特诞生。恩格斯到来时，这里已经是一个拥有40万人口的工业城市，棉纺织工厂已有上百家，城中厂房林立，浓烟蔽日。

工业革命不仅极大地发展了社会生产力，还带来了深刻的社会变革。社会明显地分裂为两大对立阶级——工业资产阶级和工业无产阶级。随着资本家压迫的增强，工人开始觉醒，工人组织开始出现，一系列为争取经济利益和政治权利而斗争的工人运动爆发了。早在19世纪初，工人就多次进行反抗和斗争，到20年代更出现了数以千计的纺织工人罢工。这种斗争规模日益扩大，终于在1838年到1842年间发生了全国规模的宪章运动。

38

38 深入工人群众（油画）高莽。1842年2月初，恩格斯从柏林回到巴门。11月，恩格斯远赴曼彻斯特，在欧门—恩格斯公司进一步实习经商。恩格斯开始深入研究资本主义社会的运行机理，了解工人阶级的生活状况，探索工人阶级的解放道路。

39

39 拜访马克思（版画）汪晓曙。1842年11月下旬，恩格斯前往曼彻斯特途径科隆时，来到《莱茵报》编辑部拜访了马克思。

曼彻斯特是英国最强大的工人组织所在地，是宪章运动的中心。恩格斯到曼彻斯特时正值宪章运动高涨时期，他第一次亲眼见到了斗争中的无产阶级。工人阶级高度的政治热情，在斗争中的坚强、勇敢，为了自身解放准备献身的精神，极大地鼓舞着恩格斯。正如列宁所说："恩格斯是在英国，是在英国工业中心曼彻斯特结识无产阶级的。"

恩格斯竭力同那些直接参加战斗的人建立联系，他经常参加宪章派的集会，与宪章派的领袖建立了友谊。多年以后，宪章派领导人哈尼回忆起他与恩格斯第一次见面时的情况说："1843年，恩格斯从布拉德福德到利兹，到《北极星报》编辑部来找我。他个子很高，少年英俊，面孔几乎像孩子一样年轻。虽然他出生在德国，受教育在德国，但是当时已经说得一口流利的英语。他告诉我，他常常读《北极星报》，对宪章运动非常关心。"

40

40　会见宪章派领袖（中国画）朱理存。恩格斯到英国时正值宪章运动高潮时期，他十分关心宪章运动并很快与宪章派及其机关报建立了密切的联系。1843年，他访问了宪章派机关报《北极星报》编辑部，会见了宪章派领袖哈尼，同他建立了终生不渝的友谊。

在曼彻斯特的 21 个月里，恩格斯走遍了曼彻斯特的各个角落，亲自深入破陋不堪的工人住宅区，调查他们的生活和斗争状况。恩格斯在一篇文章中记录道："我想要不限于和我课题有关的纯粹抽象的知识，我很想在你们家中看到你们，观察你们的日常生活，同你们谈谈你们的状况和你们的疾苦，亲眼看看你们为反抗你们的压迫者的社会统治和政治统治而进行的斗争。我是这样做的：我放弃了资产阶级的社会活动和宴会，波尔图酒和香槟酒，把自己的空闲时间几乎全部用来和普通工人交往。"

在此期间，恩格斯认识了纺织女工玛丽·白恩士。玛丽是一个有觉悟的爱尔兰工人，在她的陪同下，恩格斯结识了很多工人，了解了许多工人家庭的详细情况。一个工厂主的儿子和一个工厂女工的正式结合，按照当时的习俗是禁止的。后来，到了 19 世纪 50 年代初，恩格斯重新回到曼彻斯特时，才与玛丽结为夫妇，直至 1863 年玛丽去世。

恩格斯深入考察了工人的居住环境、食品、衣服、健康等各个方面的状况，他发现在这个资本主义工业化最蓬勃发展的地方，棉花大亨们拥有巨大的财富，而工人却处于最严重的悲惨境地。"穷人常常是住在紧靠着富人府邸的狭窄的小胡同里……这里的街道通常是没有铺砌过的，肮脏的，坑坑洼洼的，到处是垃圾，没有排水沟，也没有污水沟，有的只是臭气熏天的死水洼。""把地下室当做住宅，在这里是很普通的；凡是可以挖洞的地方，都挖成了这种深入地下的洞，而很大一部分居民就住在这样的洞穴里面。""很多很多工人，特别是爱尔兰工人，她们的衣服简直就是一些破布，上面往往连再打一个补丁的地方都没有了……"恩格斯还发现工人们有热爱学习、尊重科学、善于思考等优秀品质，他说："穿着褴褛不堪的粗布夹克的工人，他们显示出自己对地质学、天文学及其他科学的知识比某些有教养的德国资产者还要多。"

恩格斯并不满足于亲身的观察，他仔细研究了他所能看到的一切官方和非官方的文件，研究了工厂视察员、医生、牧师的证词，听取了工人的述说，除了曼彻斯特外，他还利用节假日到伦敦、利物浦等英国其他城市去访问。

41

41 一个有觉悟的爱尔兰女工〔油画〕朱乃正。恩格斯来到曼彻斯特后不久,认识了纺织女工玛丽·白恩士。白恩士是一个有觉悟的爱尔兰工人,她爱憎分明,十分同情爱尔兰民族为争取独立和自由而进行的斗争。

42 与诗人出游〔木刻〕徐匡。恩格斯结识了在曼彻斯特附近一个小镇当店员的德国青年诗人维尔特,和他建立了深厚的友谊。后来,在马克思和恩格斯的影响下,维尔特献身于工人阶级事业,写了许多歌颂无产阶级斗争的诗篇,成了"德国无产阶级第一个和最重要的诗人"。

42

恩格斯批判性地研究了英国古典政治经济学家和英法空想社会主义者的著作，吸收其中的积极成果，结合工人运动的实际经验，得出了一系列科学结论。1844年2月，恩格斯在马克思主编的杂志《德法年鉴》第一期合刊上发表了《国民经济学批判大纲》和有关英国状况的文章，强调只有消灭私有制，全面变革社会关系，才能消除资本主义制度造成的弊端，而实现这一目标的力量就是工人阶级。

23岁的恩格斯就以这样的认识得出了科学共产主义的基本结论，这是一个真正天才的发现。这一发现成了恩格斯一生的转折点，他公开站到了工人阶级这一边。正如他的朋友，杰出的无产阶级诗人格奥尔格·维尔特所说："恩格斯现在已经和家庭彻底决裂了，人们都把他看做无神论者和叛教徒，他那拥资巨万的父亲连一分尼也不再给自己的儿子了。但是我知道他真正是一个才智超群的非凡人物，他日日夜夜集中精力为劳动者阶级谋福利。"

43 马克思和卢格合办的《德法年鉴》。恩格斯在《德法年鉴》上发表了《国民经济学批判大纲》和《英国状况。评托马斯·卡莱尔〈过去和现在〉》,这两篇文章表明恩格斯从唯心主义转到唯物主义、从革命民主主义转到共产主义。

44 《国民经济学批判大纲》(上)和《英国状况。评托马斯·卡莱尔〈过去和现在〉》(下)

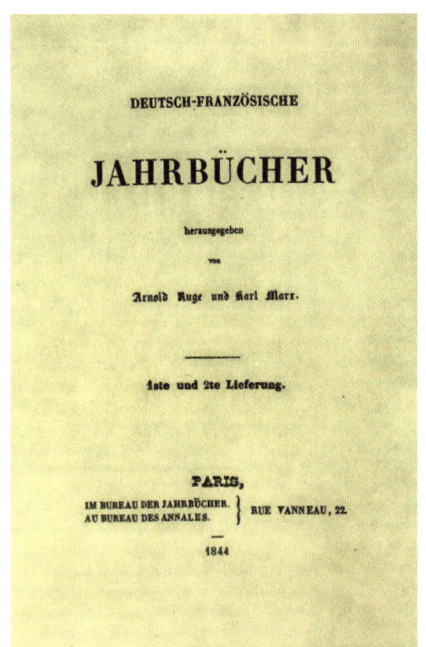

1844年9月—1845年3月，恩格斯集中力量整理了他在英国搜集的大量资料，撰写了《英国工人阶级状况》。这部著作描述了工人阶级在资本主义制度下惨遭蹂躏的情景和社会根源，展现了一幅给人留下深刻印象的工人画面：他们已经开始意识到自己境遇的可怕，看出了造成自己贫困的真正祸首，开始寻找消灭这个统治制度的途径。

恩格斯这本书对当时和以后的工人运动产生了巨大影响，工人们从中看到了自己的苦难和斗争、希望和前景。工人活动家列斯纳在一篇回忆恩格斯的文章中谈到："1845年，恩格斯的《英国工人阶级状况》第一次出版时，曾经在伦敦工人共产主义教育协会发售过。这是我第一次得到的、也是使我最初接受工人运动这一概念的一本书。"

列宁也对这本书作了精湛的评价，他说："不论在1845年以前或以后，还没有一本书把工人阶级的穷苦状况描述得这么鲜明，这么真实。""在这本书里，恩格斯第一个指出无产阶级不只是一个受苦的阶级，战斗中的无产阶级是能够自己帮助自己的。"

恩格斯虽然没有读过大学，但是两年的曼彻斯特生活使他受到了真正的"大学"教育，他从战斗的无产阶级中获得的经验成了毕生的学问，最终他由一个革命民主主义者转变成为一个先进的无产阶级战士，一个年轻的无产阶级革命家。

保尔·拉法格在回忆文章中曾说过："当我们回忆恩格斯的时候，就不能不同时想起马克思，同样，当我们回忆马克思的时候，也就不免会想起恩格斯。他们两人的生活联系得如此紧密，简直是统一而不可分的。"

列宁也曾说："恩格斯是整个文明世界中最卓越的学者和现代无产阶级的导师。恩格斯的名字总是和马克思连在一起，他们彼此的生命和事业是统一的整体。"

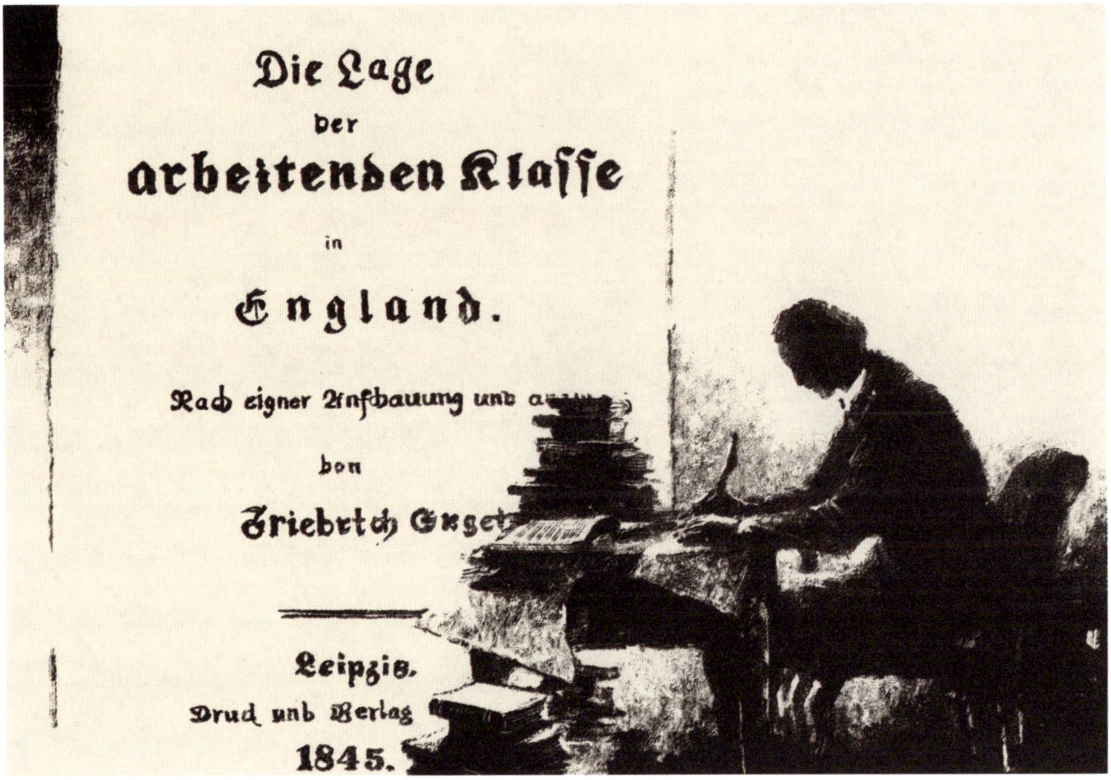

45

45 写作《英国工人阶级状况》（版画）汪晓曙。1844 年 9 月，恩格斯离开巴黎回到巴门，他利用在英国进行社会调查所收集到的丰富材料，写出了“第一本关于英国的书”——《英国工人阶级状况》。

46 《英国工人阶级状况》德文第一版。该书通过翔实的材料，彻底揭露了资产阶级剥削、压榨工人的种种罪行，指出无产阶级解放的根本道路。

Die Lage
der
arbeitenden Klasse
in
England.

Nach eigner Anschauung und authentischen Quellen
von
Friedrich Engels.

Leipzig.
Druck und Verlag von Otto Wigand.
1845.

46

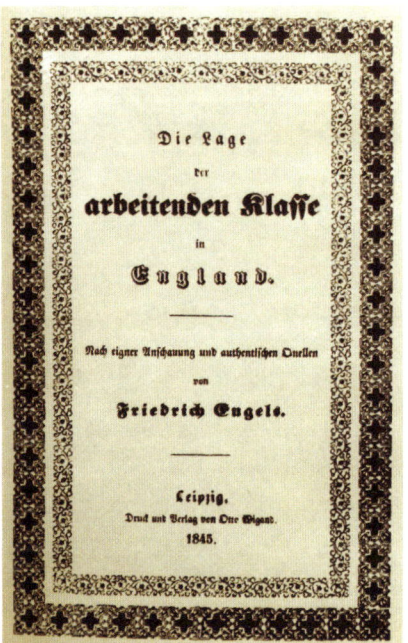

第二章

走向无产阶级革命道路

1844年8月，恩格斯即将结束在英国的"社会学习生涯"，离开曼彻斯特。在从英国返回德国的途中，他特意走访了巴黎。

巴黎是一个具有光荣革命传统的城市。从18世纪末法国资产阶级革命以来，这里一直都是欧洲革命的中心。这座城市聚集着许多社会主义学派和工人运动活动家，当时流行的一些社会主义和共产主义思潮也在此产生。1843年，新婚后的马克思和他的朋友卢格就在这里共同创办了《德法年鉴》杂志。

恩格斯这次辗转巴黎就是为了再次拜访他早已十分仰慕、并已建立了书信往来的马克思。

最早知道马克思，是他在柏林大学旁听课程期间。那时恩格斯参加了青年黑格尔派的一个小组——博士俱乐部。在那里他听说了马克思的情况。尽管二人素未谋面，但彼此都阅读过对方的文章，他们的观点在很多地方也很接近。

在柏林生活一年之后，1842年恩格斯远赴英国。途经科隆，他与时任《莱茵报》主笔的马克思进行了第一次会面。由于马克思对恩格斯还与之保持联系的青年黑格尔派持否定态度，所以对前来拜访的恩格斯表现冷淡，只是希望恩格斯到英国后可以为《莱茵报》写一些关于英国的通讯稿。恩格斯忠实履行诺言，这使他和马克思一直保持着书信联系。

1844年2月,《德法年鉴》第一、二期合刊在发表马克思的《论犹太人问题》和《〈黑格尔法哲学批判〉导言》两篇文章的同时,还刊登了恩格斯的两篇文章《国民经济学批判大纲》和《英国状况》。马克思尤其对《国民经济学批判大纲》十分推崇,称赞它为"天才的大纲"。他彻底改变了以往对恩格斯的看法,感到自己终于找到了一位志同道合的战友,热切希望与恩格斯见面。

　　1844年8月28日,两个神交已久的年轻人终于再次见面了,在不同领域探索的两颗心灵再次交汇。那年恩格斯24岁,马克思26岁,一个哲学博士和一个工厂主。记录这一历史时刻的地点,是法兰西剧院旁边的雷让斯咖啡馆。这是那个时代两位最优秀的青年的会面,是人类历史上少有的一次能够改变历史的伟大会面。

　　在接下来的10天里,恩格斯就住在巴黎圣日尔曼郊区瓦诺街38号马克思的寓所里。两个人朝夕相处,倾心交谈。虽然他们走过的路不同,但对一切重大问题有着惊人的相同看法。他们彼此以各自研究领域的知识相互帮助、相互促进,并制定了今后共同行动的计划,从此开始了毕生的亲密合作和伟大友谊。

　　后来恩格斯在给马克思的信中说道:"我还从来没有一次像在你家里度过的十天那样感到心情愉快,感到自己真正是人"。

在巴黎期间，恩格斯和马克思还一起参加了巴黎的法国工人和德国工人的集会和活动。通过对工人运动的了解，他们感到，欧洲工人运动迫切需要革命理论的指导，决定合写一部彻底清算青年黑格尔派观点、阐明自己新思想的著作。他们两人共同拟定了全书大纲，分配了各自负责的章节，合作完成序言。开始他们只是打算写一部三五个印张的小册子。一向敏于综合、写作快捷的恩格斯很快就完成了他负责的章节，共一个半印张。恩格斯回德国以后，马克思才着手写他分担的那部分，结果越写越多，远远超过原先设想的篇幅，过了三个月后拿出自己的完稿，竟达到了二十二个印张。起初他们为这本小册子题名为《对批判的批判所做的批判。驳布鲁诺·鲍威尔及其伙伴》，后来为了讽刺鲍威尔兄弟的行径，马克思又借用福音书上"神圣家族"的说法，在前面加上了"神圣家族"的名称。

1845年2月，《神圣家族》在法兰克福出版，立即引起强烈反响。各派报纸争相报道，由于政见不同，对其褒贬不一。德国最大的保守派报纸《总汇报》评论说，这本书"每一行都在鼓吹反对国家、教会、家庭、法制、宗教和财产……的暴动。简言之，书中我们看到的是最激进的、最露骨的共产主义"。这个评论恰恰是从反面作出了恰当的评价。

作为马克思和恩格斯第一次合作的结晶,《神圣家族》也是马克思主义形成时期的一部杰出著作。在这部著作里,马克思和恩格斯已经提出直接通向唯物主义历史观的基本思想的途径,即物质生产在社会发展中起决定作用。而且强调"历史活动是群众的事业,随着历史活动的深入,必将是群众队伍的扩大","无产阶级能够而且必须自己解放自己。但是,如果它不消灭它本身的生活条件,它就不能解放自己"这一唯物主义的基本原理。

1

1 伟大友谊的开端（版画）汪晓曙。1844年8月，恩格斯在回国途中，绕道巴黎拜访了马克思。两位青年，一个哲学博士、一个青年商人，畅谈理想和未来，几乎在所有方面取得了一致看法。

2 在巴黎期间，马克思和恩格斯经常参加巴黎社会主义者的活动

3 马克思和恩格斯合著的《神圣家族》第一版。《神圣家族》是马克思和恩格斯于1844年9—11月合写的第一部哲学著作。它批判了以布鲁诺·鲍威尔为首的青年黑格尔派的唯心主义，阐明了辩证唯物主义和历史唯物主义的一些基本原理，论证了无产阶级解放人类的历史使命。

2

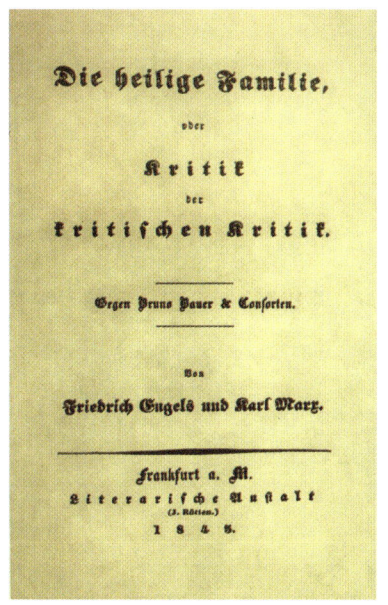

3

4　5

4　恩格斯（19世纪40年代）。恩格斯蓄留的胡须、他的姿势和目光显示了他的雄心壮志。

5　与马克思在布鲁塞尔见面（版画）汪晓曙。1845年4月5日，恩格斯来到布鲁塞尔，找到了马克思和燕妮的住处，两位青年紧紧拥抱在一起。这也是燕妮第一次见到恩格斯。

6 1845年2月马克思被法国政府驱逐后来到布鲁塞尔,同年4月,恩格斯也来到布鲁塞尔,在马克思家附近租住下来。这是恩格斯在布鲁塞尔居住过的圣居杜尔平原路19号野林旅馆。

6

1844年9月初，恩格斯回到了故乡巴门。他欣喜地发现，"共产主义成了人们的主要话题"，于是这位年轻革命家用他那火一般的热情，积极开展革命宣传工作，表现出作为理论家和宣传家的罕见才能。

由于积极投身政治活动，恩格斯和他父亲的冲突越来越尖锐。不和睦的家庭关系和工厂主的生活使他苦恼，他急于摆脱这些束缚，投入共产主义的伟大事业之中。

1845年4月初，恩格斯从德国迁居布鲁塞尔。1845年5月马克思搬到同盟路5号时，恩格斯就在马克思家的隔壁——同盟路7号租住下来。这样他能一下就走进最亲密的朋友马克思家。

7

7 马克思和恩格斯与英国工人在一起(油画)高莽。1845年7—8月,马克思在恩格斯陪同下,用一个多月的时间访问了世界工业最发达的英国。他们在曼彻斯特和伦敦考察了资本主义社会所特有的各种问题,会晤了宪章派和正义者同盟的领袖,阅读了大量新的科学文献,特别是经济学文献。

马克思和恩格斯继续合作，进一步批判了青年黑格尔派、费尔巴哈和德国"真正的社会主义"思想，创立了唯物主义历史观，使工人阶级有了认识世界和改造世界的锐利的思想武器。

为了深入研究资本主义社会，探求革命真理，1845年7月12日至8月21日，马克思在恩格斯陪同下去英国作了为期六周的考察。他们横渡英吉利海峡在伦敦登陆，然后转乘火车奔赴曼彻斯特。

在随后的一个多月里，他们整天都坐在著名的切特姆图书馆里。切特姆图书馆是欧洲历史最悠久的公共图书馆之一，在那里可以阅读到在欧洲大陆难以看到的政治经济学著作。在这段工作期间，恩格斯作的笔记里有马克思亲笔作的记号，而在马克思的笔记里则引用了恩格斯作的笔记。这趟旅行可谓收获满满，两人走时各带了三大本笔记。

后来，恩格斯亲切地回忆起这段日子，在1870年给马克思的信中写道："最近几天我又坐在小楼凸窗处的方形斜面桌前勤奋地工作，这是我们二十四年前曾坐过的地方；图书馆馆员老琼斯还健在，但是很老了，已经不再做什么事了……"

8

8　切特姆图书馆外景
9　切特姆图书馆藏书

9

从英国回到布鲁塞尔后，恩格斯与马克思从各方面仔细探讨他们以前探讨过的观点，决定合写一部题为《德意志意识形态》的哲学著作。这是他们制定科学共产主义原理的一个重要步骤。1845年9月至1846年5月，历经9个多月紧张而愉快的工作，两位青年作者创造性地完成了50多万字的巨著。

《德意志意识形态》是继《神圣家族》之后恩格斯与马克思共同完成的第二部著作。与各写一部分的《神圣家族》不同，这部著作是两位青年作者密切合作的成果，是真正的集体创作。虽然在具体写作时会有分工，但两人经常在一起讨论，几乎每一章、每一节甚至每一段都是经过他们共同研究推敲过的。尤其是第一章，他们反复讨论过多次。

马克思逝世后，恩格斯在整理文稿时，曾经把其中最有趣的部分读给马克思的小女儿和海伦·德穆特听。德穆特听完恍然大悟地说："现在我才明白为什么在布鲁塞尔的时候，你们两人天天晚上这样哈哈大笑，使得家里人都不能入睡了。"从中不难看出当年恩格斯和马克思共同讨论的热烈场景。

《德意志意识形态》在两位作者生前一直没能出版，但它在马克思主义理论形成过程中起了极为重要的作用，成为恩格斯和马克思革命实践活动的基础。马克思1859年写道："既然我们已经达到了我们的主要目的——自己弄清问题，我们就情愿让原稿留给老鼠的牙齿去批判了。"

马克思逝世后手稿一直由恩格斯保存，他常常在自己的著作中利用这部稿子，直到1932年全书才第一次在苏联原文出版，1933年翻译成俄文。

10

10 《德意志意识形态》手稿。1845—1846 年,马克思和恩格斯合写了《德意志意识形态》,第一次比较系统地阐述唯物史观。

随着资本主义的发展，两大阶级之间的矛盾更加尖锐，无产阶级反对资产阶级的斗争日益激烈。19世纪40年代后期，资产阶级民主革命已经迫近，但工人运动还不成熟，工人还处在小资产阶级社会主义者的绝对影响之下。帮助工人阶级先进分子建立新世界观，把革命理论同工人运动结合起来，找出一条团结国际无产阶级的道路——这就是当时马克思和恩格斯给自己提出的任务。

马克思和恩格斯认识到无产阶级要实现自己的伟大历史使命，必须有一个建立在科学世界观基础上的独立政党。恩格斯指出："要使无产阶级在决定关头强大到足以取得胜利"，无产阶级"必须组成一个不同于其他所有政党并与它们对立的特殊政党，一个自觉的阶级政党"，这个特殊政党的独特之处在于：它应当以先进的理论武装起来，团结工人阶级，使无产阶级认识到自己的历史使命。

马克思和恩格斯建党的第一个步骤，是于1846年春在布鲁塞尔成立了共产主义通讯委员会。

11

11 与政治流亡者在一起（油画）王沂东。布鲁塞尔汇集了欧洲一些国家的政治流亡者，他们经常到恩格斯家里聚会，讨论有关各国革命的种种问题，聆听恩格斯对这些问题的意见。

12

12 创建共产主义通讯委员会（油画）高莽。马克思和恩格斯进行理论研究时，还致力于创建革命组织，为建立一个无产阶级政党准备条件。为此，他们于1846年在布鲁塞尔建立了共产主义通讯委员会，来宣传共产主义思想，团结各国先进工人。委员会成员还包括威廉·沃尔弗、约瑟夫·魏德迈等人。

13

13 争取正义者同盟成员（油画）高莽。1846年2月马克思和恩格斯建立了布鲁塞尔共产主义通讯委员会，加强了各国先进分子的联系。同年8月，恩格斯受共产主义通讯委员会的委托，到巴黎向正义者同盟的成员宣传科学社会主义，帮助那里的德国工人同维特林主义、蒲鲁东主义和"真正的社会主义"展开斗争。

改组正义者同盟是马克思和恩格斯为建党做的第二件事。正义者同盟是1836年德国无产阶级在巴黎成立的第一个独立政治组织，原是由德国流亡者同盟分化出来的盟员组成，后发展为以工人、手工业者为主的半秘密性质团体。这个组织刚成立的时候，主张空想的平均共产主义，企图依靠少数人的暴动来实现自己的目标，并为团结和争取群众提出了"人人皆兄弟"的口号。

为从思想上改造正义者同盟，消除所谓"真正的社会主义"的影响，1846年8月15日，恩格斯受布鲁塞尔共产主义通讯委员会派遣来到巴黎。从这时起一直到被驱逐，他的革命活动都与巴黎紧密相连。

恩格斯批判魏特林主义和"真正的社会主义"及其宗派主义的密谋活动方式，阐明了组织无产阶级革命政党领导工人斗争的必要性，对正义者同盟的领导产生了影响。1847年初他们认为要对同盟进行改组，并请求马克思和恩格斯进行帮助。

1847年1月的一天，一个中等身材、工人模样的人风尘仆仆地来到布鲁塞尔马克思家里。这个人是莫尔。这一次他作为正义者同盟的特使，从伦敦带来了正义者同盟给马克思和恩格斯的信函，恳切邀请他们加入并帮助改组同盟。

莫尔向马克思和恩格斯明确表示：同盟领导者确信他们的理论具有普遍的正确性；如果参加同盟，马克思和恩格斯可以在即将举行的代表大会上阐述自己的观点，然后作为同盟纲领发表。马克思和恩格斯接受邀请，加入了同盟。

马克思和恩格斯参加改组同盟并为同盟制定纲领，为马克思主义的诞生提供了契机。

1847年6月，正义者同盟在伦敦"红狮"旅馆召开了第一次代表大会。马克思因为经济困难，没有参加会议。恩格斯作为巴黎支部的代表参加了大会工作，并以饱满的精力、果断的性格、渊博的知识和明确的思想博得了代表们的尊敬，确立了实际领导地位。这次大会根据马克思和恩格斯的提议，把"正义者同盟"的名称改为"共产主义者同盟"。大会通过了恩格斯起草的《共产主义者同盟章程》，把推翻资产阶级、建立无产阶级统治确立为革命目标，并把同盟原来的口号"人人皆兄弟"改为"全世界无产者，联合起来！"从此，这个响彻云霄的口号成为全世界无产阶级团结奋斗的誓言。

14　1846年至1848年，恩格斯经常为《德意志—布鲁塞尔报》《改革报》等撰稿，批判资产阶级思潮及反动政治制度。这是恩格斯1847年10月3日发表在《德意志—布鲁塞尔报》第79号上的《共产主义者和卡尔·海因岑》(左)和1847年9月12日发表在该报第73号上的《诗歌和散文中的德国社会主义》的开头部分(右)。

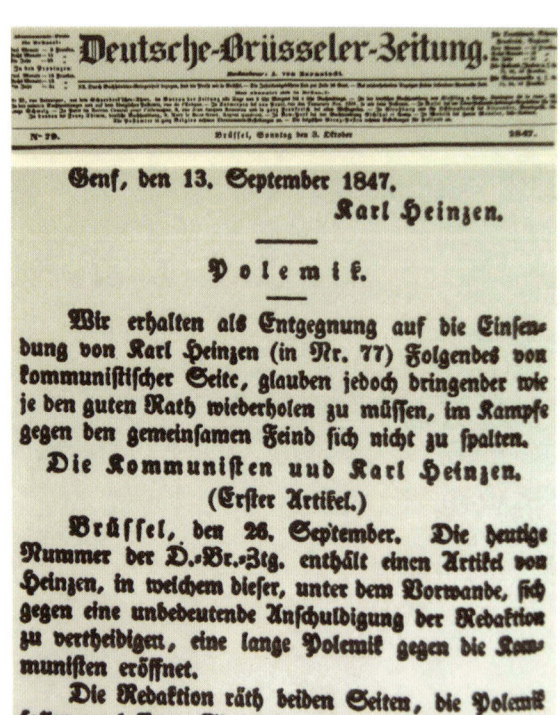
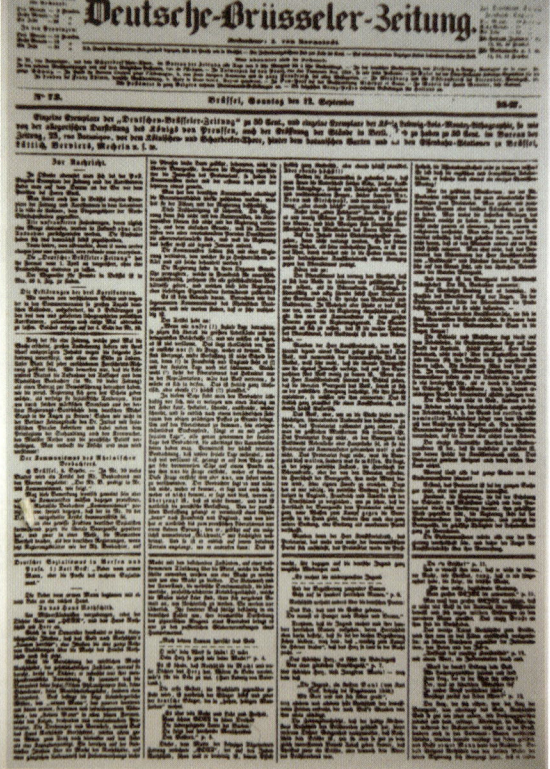

15

15　参加共产主义者同盟大会（油画）高莽。1847 年 2 月，马克思和恩格斯接收正义者同盟邀请，加入同盟。恩格斯在 6 月参加了正义者同盟举行的代表大会。1847 年 11 月 27 日，马克思和恩格斯分别由布鲁塞尔和巴黎前往伦敦，参加共产主义者同盟第二次代表大会。

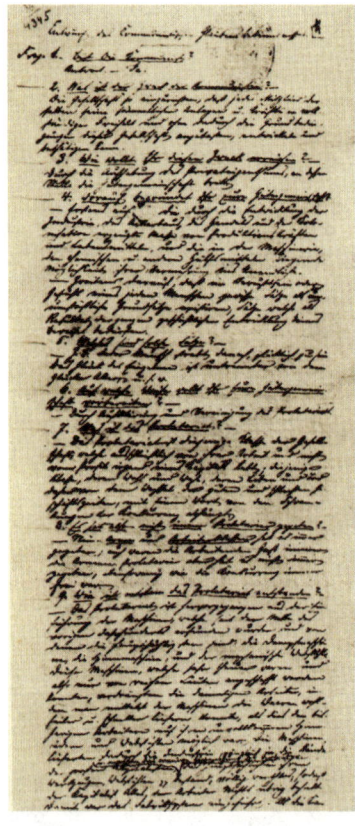

16

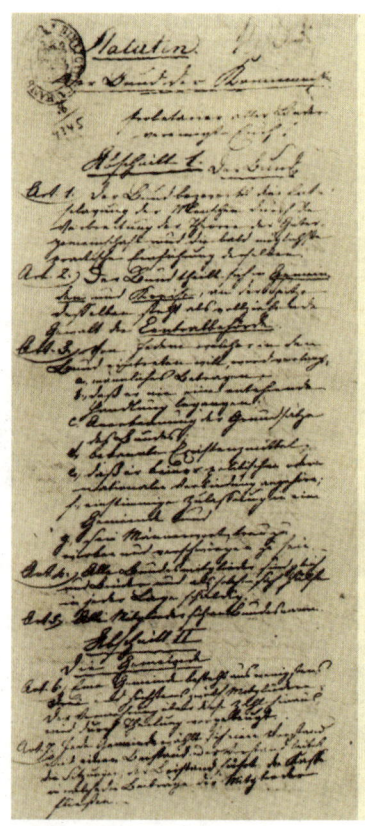

17

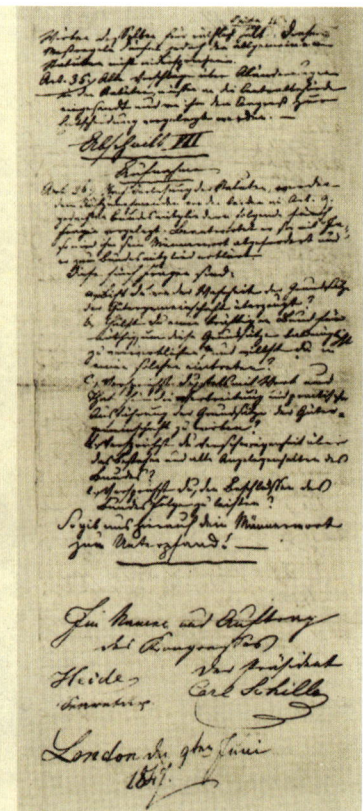

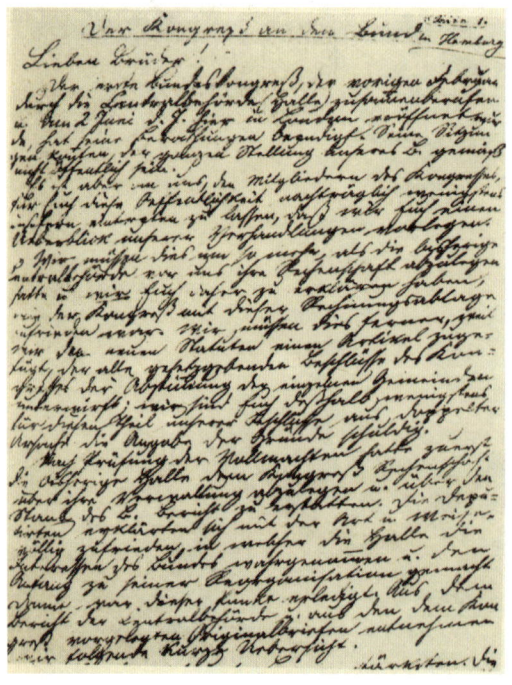

18

16 《共产主义信条草案》手稿。同盟第一次代表大会后，恩格斯为同盟草拟了纲领草案——《共产主义信条草案》。

17 同盟第一次代表大会拟定的章程草案的手稿第一页

18 同盟第一次代表大会通告信手稿的第一页

为了进一步统一思想，克服组织内部的思想混乱，1847年11月29日，同盟在伦敦召开第二次代表大会。马克思和恩格斯同时参加大会，并就科学社会主义原理做了精彩发言。恩格斯给人们留下了深刻印象。第一次见到他的列斯纳写道："恩格斯身材魁梧匀称，举止敏捷稳健，说话简洁有力；气概英武，像一个军人一样。他非常乐观，谈吐诙谐而中肯。凡是和他接触的人，立刻就会得到一种印象：这是一个天赋极高的人。"代表大会的圆满召开，标志着人类第一个以共产主义命名的无产阶级政党诞生了，这是第一个国际性无产阶级革命组织。

共产主义者同盟第二次代表大会委托马克思和恩格斯起草"一个准备公布的周详的理论和实践的党的纲领"。其实早在1847年6月恩格斯就为同盟第一次代表大会起草纲领草案即《共产主义信条草案》。此《草案》采用一问一答的形式，设计了22个问题，对共产主义做了历史唯物主义的论证，指出了共产主义者的目的和实现目的的手段，指出了无产阶级和资产阶级的对立，阐明了共产主义实现的条件等，可以说这个文件是《共产党宣言》诞生的第一个阶段。为了充分听取意见，这次大会决定把《草案》提交给各支部进行充分讨论、修改和补充。在讨论中，当时作为盟员的莫泽斯·赫斯写了"一篇绝妙的教义问答修正稿"，把恩格斯的一些思想同他的"真正的社会主义"思想混杂在一起，提交了巴黎区部。10月22日,恩格斯在区部会议上逐条进行批驳,得到大家的赞同。会议委托恩格斯草拟一篇新的教义问答。恩格斯用了不到一周的时间完成了新的纲领草案《共产主义原理》。《原理》在《共产主义信条草案》的基础上进行修改补充,设计了25个问题,对问题的回答更加详细和准确,内容更加丰富,结构更加严谨。

1847年11月23日,在第二次代表大会召开前夕,恩格斯把《共产主义原理》的写作形式和基本结构写信告诉了马克思:"这是用简单的叙述体写的,但是校订得非常粗糙,十分仓促。我开头写什么是共产主义,随即转到无产阶级——它产生的历史,它和以前的劳动者的区别,工人阶级和资产阶级之间的对立发展、危机、结论。其中也谈到各种次要问题,最后谈到了共产主义者的党的政策中应当公开说明的那些内容"。同时,他对《共产主义原理》采取的"教义问答形式"不满意,指出:"我们最好是抛弃那种教义问答形式,把这个东西叫作《共产主义宣言》。因为其中必须或多或少地叙述历史,所以现有的形式是完全不合适的。"他提议采用宣言的形式来撰写同盟纲领,这个想法得到了马克思的赞同。

19 写作《共产主义原理》(素描) 刘文西

20

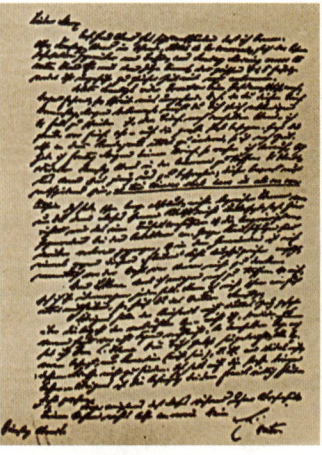
21

23

- 20 《共产主义原理》手稿
- 21 1847年11月23—24日，恩格斯写信给马克思，商量为参加共产主义者同盟第二次代表大会应作的准备工作。
- 22 1847年11月29日至12月8日，共产主义者同盟举行第二次代表大会。马克思和恩格斯作为代表出席了这次大会，并受委托以宣言的形式起草同盟的纲领。代表大会通过了同盟章程。章程的第一条："同盟的目的：推翻资产阶级政权，建立无产阶级统治，消灭旧的以阶级对立为基础的资产阶级社会和建立没有阶级、没有私有制的新社会。"
- 23 共产主义者同盟第二次代表大会会址"红狮"旅馆

大会结束以后，马克思和恩格斯回到布鲁塞尔，立即开始紧张的起草工作。他们共同拟订了宣言大纲，决定把原来的纲领草案改写成党的战斗的宣言，取名《共产党宣言》。由于恩格斯必须于1847年12月底赶赴巴黎，所以后面的写作主要由马克思完成。但恩格斯的贡献不可磨灭。

1848年2月底，《共产党宣言》在伦敦公开发表。它的发表庄严地向全世界宣告了马克思主义的正式诞生。列宁指出，《共产党宣言》对马克思主义做了"完整的、系统的、至今仍然是最好的阐述"。"这部著作以天才的透彻而鲜明的语言描述了新的世界观，即把社会生活领域也包括在内的彻底的唯物主义、作为最全面最深刻的发展学说的辩证法以及关于阶级斗争和共产主义新社会创造者无产阶级肩负的世界历史性的革命使命的理论。"

24

24　起草《共产党宣言》（木刻）徐龙宝

《宣言》问世后,多次再版。马克思和恩格斯先后为不同版本的《宣言》写过七篇序言。他们重申,《宣言》所阐述的一般原理整个说来是完全正确的,但是这些原理的实际运用,随时随地都要以当时的历史条件为转移。这体现了马克思和恩格斯对待自己理论的科学态度,也是我们全面深刻地把握《宣言》所应坚持的基本原则。

《共产党宣言》保存至今的唯一的一页手稿,是《共产党宣言》的最后一页,上面写着"全世界无产者,联合起来"。2013年,联合国教科文组织把这页《宣言》手稿和《资本论》第一卷马克思自注本一起纳入《世界记忆名录》。联合国教科文组织认为,这部作品是19世纪最重要的出版物的一部分,影响深远。它们几乎被翻译成了世界上所有的语言,并传播到世界各地。

第三章

投身 1848—1849 年欧洲革命

《共产党宣言》刚刚问世，一场波澜壮阔的革命风暴就席卷了整个欧洲大陆，意大利、法国、德国、奥地利、匈牙利等国相继爆发了大规模起义。

"无产者在这个革命中失去的只是锁链。他们获得的将是整个世界。"面对这场世界近代史上规模最大、范围最广的革命，马克思和恩格斯心情振奋，积极投身，并自觉地将《共产党宣言》中阐述的马克思主义原理运用于实际斗争，接受革命实践的检验。

恩格斯是在布鲁塞尔盼来巴黎二月革命的消息的。1848年2月25日晚上，他与布鲁塞尔各阶层人民一起，在火车站焦急地等待着从巴黎传来的消息。晚上12点半，到站的列车带来了令人兴奋的消息，革命在2月24日爆发，推翻了"七月王朝"，国王路易·菲力浦逃往国外。消息一传出，"共和国万岁"的口号迅速响遍了全城。恩格斯为巴黎无产阶级的辉煌成就感到十分高兴，他奋笔疾书，欢呼胜利。2月27日，他在《德意志—布鲁塞尔报》上发表《巴黎的革命》一文写道："由于这次革命获得胜利，法国的无产阶级又成了欧洲运动的领袖。荣誉和光荣属于巴黎的工人们！他们推动了整个世界，所有国家都将一一感到这一点，因为法兰西共和国的胜利就是全欧洲民主派的胜利。……在杜伊勒里宫和皇家之宫燃烧的火焰，是无产阶级的朝霞。"他预言德国不久也会爆发革命。

1

1 逼离巴黎（中国画）刘向平。1847年12月31日，恩格斯在巴黎德国革命流亡者新年宴会上发表演说，被警察当局指责为敌视政府的举动。1848年1月29日，法国政府勒令恩格斯在24小时内离开巴黎，三天内离开法国，否则将引渡给普鲁士政府。警察还在深夜闯入恩格斯寓所，企图查抄"材料"。恩格斯不得不立即离开法国，前往布鲁塞尔。

2

3

4

5

2　1848年2月24日，巴黎罗亚尔王宫外的街战。

3　1848年3月13日，维也纳的革命风暴。

4　1848年3月16日，意大利威尼斯爆发的为自由而战斗的革命。

5　1848年3月，德国南部武装起义的民众。

6

6 《共产党在德国的要求》(传单)。法国二月革命爆发后,马克思和恩格斯先后来到巴黎,领导新组建的共产主义者同盟中央委员会的工作。德国三月革命爆发后,马克思和恩格斯根据德国革命形势的发展,在巴黎共同起草了共产主义者同盟在德国革命中的政治纲领——《共产党在德国的要求》。该传单于1848年3月30日左右在巴黎印刷。

1848年4月，马克思和恩格斯从巴黎返回德国，投入到轰轰烈烈的德国革命运动。他们受共产主义者同盟委托加强与工人运动活动家的联系，共同关注革命形势的发展，指导欧洲大陆的革命活动。

马克思和恩格斯选择科隆作为活动的中心。科隆是莱茵省的省会，是当时普鲁士工业最发达的城市之一。这里无产阶级力量集中，而且共产主义者同盟盟员人数较多，受法国资产阶级革命影响，有比德国其他地方更多的出版自由。马克思和恩格斯充分利用这些优势，商量好在科隆重办《莱茵报》，"而且要在前面加一'新'字"，以示区别，使它成为共产主义者同盟的机关报和一份大型的民主派日报。

1848年6月1日，经过艰难努力，《新莱茵报》第一号在欧洲革命高潮中诞生了。马克思和恩格斯通过《新莱茵报》评析德国革命和整个欧洲革命的重大事件，帮助工人群众认清斗争形势，了解革命的目标和任务，声援欧洲各个被压迫民族的解放斗争。尽管经费困难，但《新莱茵报》一开始就生机勃勃，异常活跃。它常常一天出两次，还带有附页，以最快的速度把最新的最重要的消息传递给人民群众。正如恩格斯所说，《新莱茵报》"成了革命年代德国最著名的报纸"。

《新莱茵报》编辑部是一个坚强的战斗集体。在这个集体中，恩格斯是外交政策和军事问题专家。他知识渊博，思维敏捷，大部分社论、政治评论和其他重要材料都是他执笔的。

在《新莱茵报》存在的短短一年时间里，恩格斯就各种问题写了100多篇文章和通讯等。他的社论充满着革命的战斗精神，篇篇有力、扣人心弦。对此，他也曾激动地说过："这是革命的时期，在这种时候从事办日报的工作是一种乐趣。你会亲眼看到每一个字的作用，看到文章怎样简直像榴弹一样击中目标，看到打出去的炮弹怎样爆炸。"

马克思曾风趣地称赞恩格斯说："他是一部真正的百科全书，不管白天还是黑夜，不管是头脑清醒还是喝醉酒，在任何时候他的工作能力都很强，写作和思索都极快"。

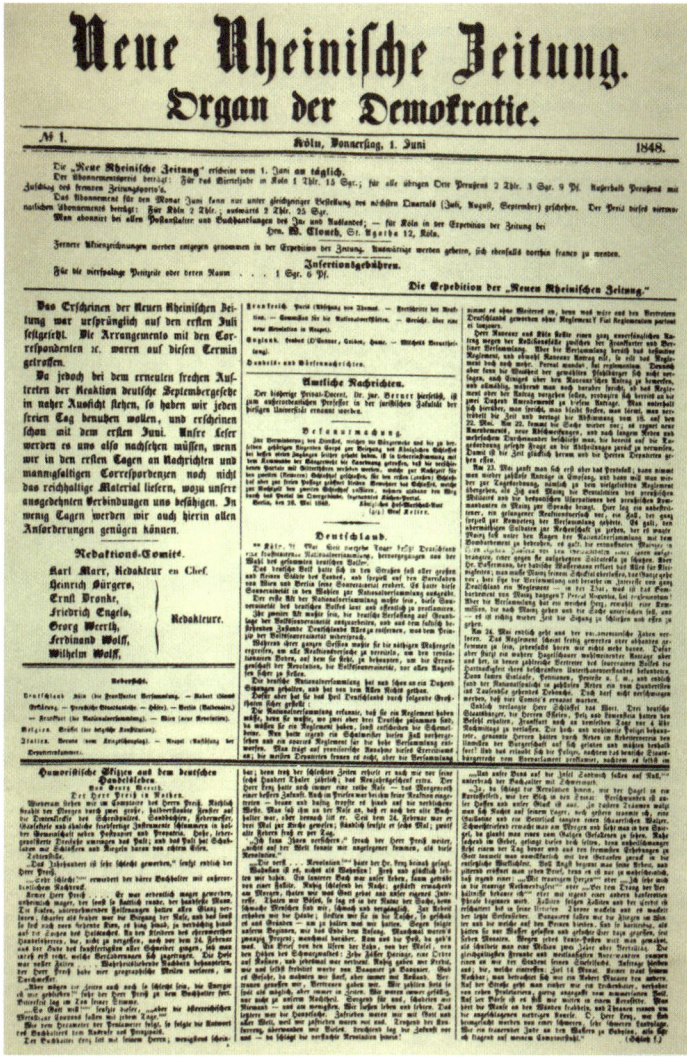

8

7 在《新莱茵报》编辑部（木刻）佚名。1848年4月初，马克思和恩格斯回到德国，在科隆筹办《新莱茵报》。马克思担任《新莱茵报》主编，编辑部成员包括恩格斯、沃尔弗、毕尔格尔斯、德朗克、弗莱里格拉特、维尔特等人。

8 《新莱茵报》创刊号

面对风起云涌的人民革命，在全身心投入办报工作的同时，恩格斯还满腔热情地奔赴各地，为打倒封建反动势力冲锋陷阵，勇往直前，成为全欧洲革命民主派的灵魂。

然而，随着巴黎工人六月起义的失败，整个欧洲资产阶级革命的形势都发生了逆转。法国资产阶级胜利这一信号，推动欧洲封建反动势力转入总反攻。德国革命处于危机之中。

那时，马克思恩格斯认为，德国资产阶级革命只是无产阶级革命的序幕。他们在《共产党宣言》中就表达过这样的观点："共产党人现在把自己的注意力集中在德国，是因为德国正处在资产阶级革命的前夜，是因为德国将在整个欧洲文明更进步的条件下，具有比 17 世纪的英国和 18 世界的法国更发达得多的无产阶级去实现这个变革。所以，德国的资产阶级革命一定要成为工人阶级革命的直接序幕"。按照这一观点，德国工人阶级在推翻封建的反动阶级之后，就应立即开始反对资产阶级本身的革命。通过"不断革命"，把资产阶级民主革命进行到底并过渡到社会主义革命。在这样的形势下，恩格斯表现出革命领袖应有的非凡毅力和组织才能。

9月13日，恩格斯召集和主持了在弗兰肯广场举行的大规模群众集会，出席大会的有6000多人，大会主席台用象征共和的黑红黄蓝色旗装饰起来。大会选举产生包括马克思、恩格斯等30人组成的安全委员会。

9月17日，恩格斯组织在科隆北郊的沃林根举行民众大会，约1万民众突破警察设置的种种障碍，或步行、或坐车、或乘船，来到会场。根据恩格斯的提议，大会通过了致法兰克福国民议会的决心书。但法兰克福人民的起义，被血腥地镇压。

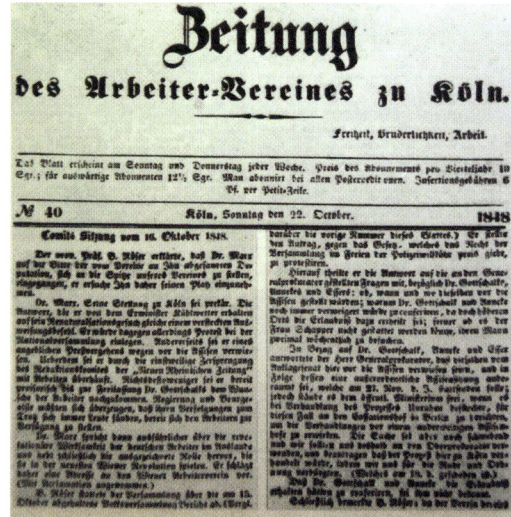

9

10

11

12

9 在德国，马克思和恩格斯积极参加工人组织的活动，与科隆工人联合会等民主组织建立广泛联系。这是 1848 年 10 月 22 日《科隆工人联合会会刊》刊登马克思当选为该会主席的会议记录。

10 1848 年 5 月，马克思和恩格斯加入了科隆民主协会。这是科隆工人联合会会员证。

11 莱茵省第一届民主主义者代表大会代表证

12 参加群众集会的请柬

13 在科隆民众大会上（水粉画）
陈衍宁。在反革命势力日益猖獗的日子里，科隆工人联合会和民主协会在 9 月 13 日召开民众大会，成立安全委员会"作为在目前的合法政权机关中没有代表的那一部分居民的组织"。

14

15

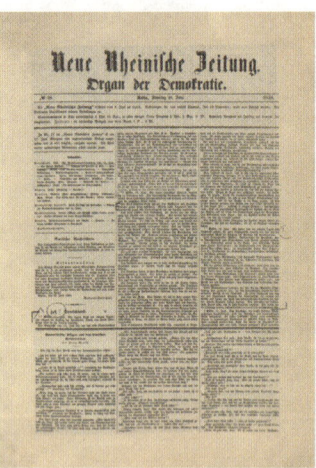

16

17

14　1848年6月，巴黎工人举行起义，在圣安东郊区同资产阶级军队发生街道激战。六月起义虽然失败了，但它将永垂史册，马克思称它是无产阶级与资产阶级的第一次伟大的战斗。

15　1848年7月1日《新莱茵报》登载的恩格斯文章《六月革命（巴黎起义的经过）》

16　1848年布拉格最高司令部大楼外的街战

17　1848年6月18日《新莱茵报》刊载的恩格斯《布拉格起义》一文

18　1848 年 11 月 16 日，意大利罗马起义者攻打教皇皇宫。

19　1848 年 8 月 12 日，《新莱茵报》登载的恩格斯《意大利的解放斗争与它目前失利的原因》一文。

20　1849 年 3 月 5 日匈牙利索诺克战役中的革命军队

21　1849 年 5 月 19 日《新莱茵报》发表的恩格斯《匈牙利》一文

18　　　　　　　　　　　　　　　19

20　　　　　　　　　　　　　　　21

22

23

24

25

22　在 1848 年革命中，波兰起义军反抗压迫他们的普鲁士人。
23　1848 年 6 月 21 日《新莱茵报》登载的恩格斯《波兰实施新政》一文
24　1848 年，柏林的革命群众攻占柏林武器厂。
25　1848 年 6 月 14 日《新莱茵报》刊载的恩格斯《关于革命的柏林辩论》一文
26　1848 年 8 月 23 日，维也纳军警镇压工人游行队伍。

26

在莱茵省各地起义遭受挫折后，科隆的形势越来越紧张。普鲁士政府决定打击最危险的敌人《新莱茵报》。检察机关对恩格斯等《新莱茵报》的编辑提起诉讼，控告他们"阴谋举行颠覆活动"。政府宣布科隆实行戒严，解除市民武装并禁止《新莱茵报》发行。

1849年5月19日，《新莱茵报》用红色油墨出版了最后一期。红色，即战斗的无产阶级旗帜的颜色。报头是马克思恩格斯以编辑部的名义发表的《致科隆工人》："《新莱茵报》的编辑部在向你们告别的时候，对你们给予他们的同情表示衷心的感谢。无论何时何地，他们的最后一句话始终将是：工人阶级的解放。"

从1848年6月1日创刊到1849年5月19日最后一期止，《新莱茵报》共出刊301期，每期印数5000—6000份，另外还出版了一些号外。虽然它存在的时间不足一年，但所开创的事业却没有停止。恩格斯在回忆这段日子时曾写道："我们不得不交出自己的堡垒，但我们退却时携带着自己的枪支和行装，奏着军乐，高举着印成红色的最后一号报纸的飘扬旗帜……"

27 恩格斯离开《新莱茵报》(版画)汪晓曙。革命风暴沉重打击了德意志的封建统治，恩格斯始终站在革命的最前沿。1848年9月26日，德国当局在科隆实行戒严，企图逮捕包括恩格斯在内的《新莱茵报》的几位编辑。科隆警察以恩格斯"阴谋反对现行制度"为借口，对他下了通缉令，恩格斯不得不离开科隆。

27

在反动势力的追捕下,经历了暴风雨般的几个月后,恩格斯不得不离开普鲁士,从科隆辗转布鲁塞尔、巴黎,最后前往瑞士。

因为没有路费,恩格斯决定步行。从巴黎到伯尔尼途中,恩格斯思虑万千。

他在后来的游记《从巴黎到伯尔尼》中生动地描述了40天漫游游记。他惊叹法国风景的美丽和植物资源的丰富,受到农民们好客的款待并看到1848年的葡萄大丰收,保持着革命乐观主义情怀。诗人气质的他一路喝了不少葡萄酒,他写道:"从波尔多酒到勃艮第酒,从勃艮第酒到圣若尔日烈酒、律内尔酒和南方的弗郎亭南酒……有多少种类呀!……妙不可言的是:喝了其中的每一种酒都会产生一种别致的醉意,喝了几瓶酒以后就能使一个人的情绪发生各种各样的变化——从跳轻佻的四人舞到唱马赛曲,从跳康康舞的狂热到革命热情的激发,最后,喝了一瓶香槟酒,又能鼓起人间最愉快的狂欢节的情绪!"

500多里的长途跋涉,恩格斯还带着一种清醒的政治意识。他敏锐地观察着"六月后的法兰西",仿佛看到了整个法国,从中寻找法国革命和欧洲其他国家革命失败的原因,第一次明确提出农民问题在无产阶级革命中的重要性。

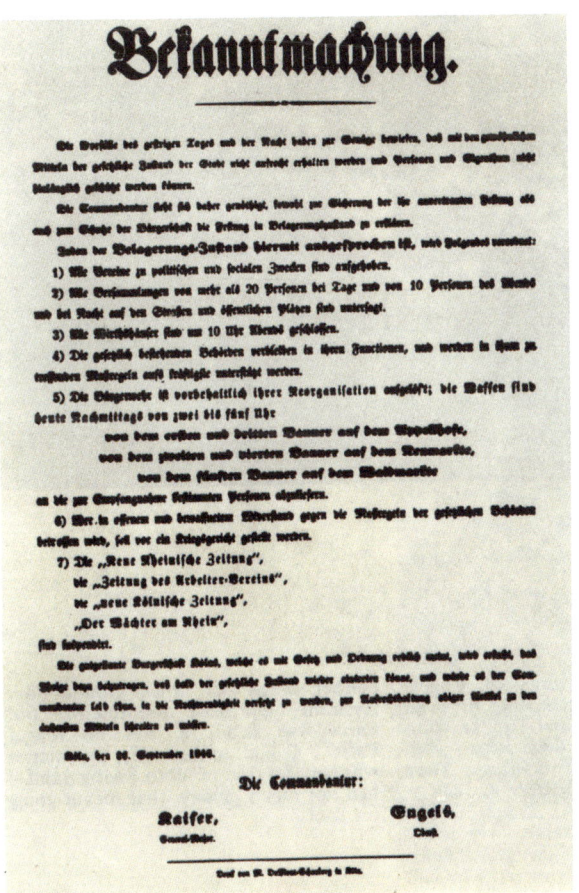

28　1848 年 9 月 26 日科隆实行戒严的通告

29　来到巴黎（版画）汪晓曙。恩格斯离开科隆，前往比利时。来到布鲁塞尔后，恩格斯又被比利时警察逮捕并被押解出境。10月5日，恩格斯到达巴黎，逗留数日后步行来到瑞士，在伯尔尼暂住，等待时机重返科隆。

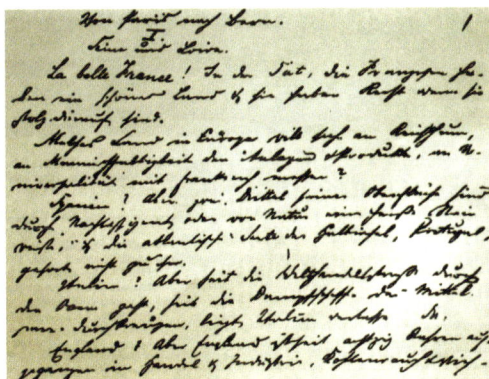

30 《从巴黎到伯尔尼》手稿的第 1 页

31 恩格斯画的从欧塞尔到勒洛克勒的路线草图

32 恩格斯到瑞士后，很快与瑞士工人建立联系，参加日趋活跃的工人运动。他在洛桑参加了工人联合会。1848 年 12 月 8 日，洛桑工人联合会颁给恩格斯的委托书，委托他代表洛桑工人联合会出席 1848 年 12 月 9—11 日在伯尔尼举行的工人代表大会。

尽管在瑞士恩格斯也参加种种活动，但由于他那坚强的性格，恩格斯很难置身于革命风暴之外。1849年1月中旬，结束3个月的流亡生活后，他返回科隆，再次投身于革命的烈火中。那时，反革命的势力在德国许多地方已经恢复了统治，但在德国的西南部革命力量仍在高涨。恩格斯积极参加了声势浩大的护宪运动。他不仅使用批判的武器，而且亲自拿起武器，直接参加武装革命，展示了一个卓越组织者和英勇战士的风采。

5月3日，萨克森首府德累斯顿首先发动街垒战。随后德国西部的一些工业中心——索林根、杜赛尔多夫、哈根等都行动起来。巴登、普法尔茨也行动起来了。小资产阶级民主派在那里夺取了政权。

5月10日，恩格斯带着两箱子弹，参加埃尔伯费尔德工人武装起义。他参加了军事委员会，制定新的作战部署，领导修筑防御工事，检察街垒，加强工兵连。

5月15日，他带领部队袭击格莱弗拉特军械库，帮助埃尔伯费尔德起义夺取武器和物资。

6月13日，他参加巴登—普法尔茨地区人民武装起义，担任维利希部队副官。

6月17日，他在林塔尔附近峡谷同敌军一个师团的前头部队发生遭遇战，担任掩护任务。

6月21日，他参加巴登的卡尔斯多夫遭遇战。

6月28日，他参加萝藤菲尔斯遭遇战。

6月29日，他参加拉施塔特会战。

在这些战斗中，恩格斯时而在司令部研究作战方案，时而在前线亲临战斗，或侦察、或掩护、或联络，都充分展示了一个卓越组织者和英勇战士的风采。他以亲身实践证明，"最坚定的共产主义者也是最勇敢的士兵"。

马克思的女儿爱琳娜在《摩尔与将军》一书中回忆道："所有在战火中见过他的人，很久以后都还在谈论他那种非凡的镇静和漠视一切危险的气魄。"

7月12日，普法尔茨军队在与普鲁士军队的斗争中最终失败，恩格斯随队伍转移到瑞士。

战士们情不自禁地遥望着祖国的河岸，久久地凝视着对面山顶上那个仿佛铭记着这次进军中一切痛苦和悲伤的新的黄土包。1848—1849年，德国资产阶级民主革命的最后一幕就这样宣告结束了。

33

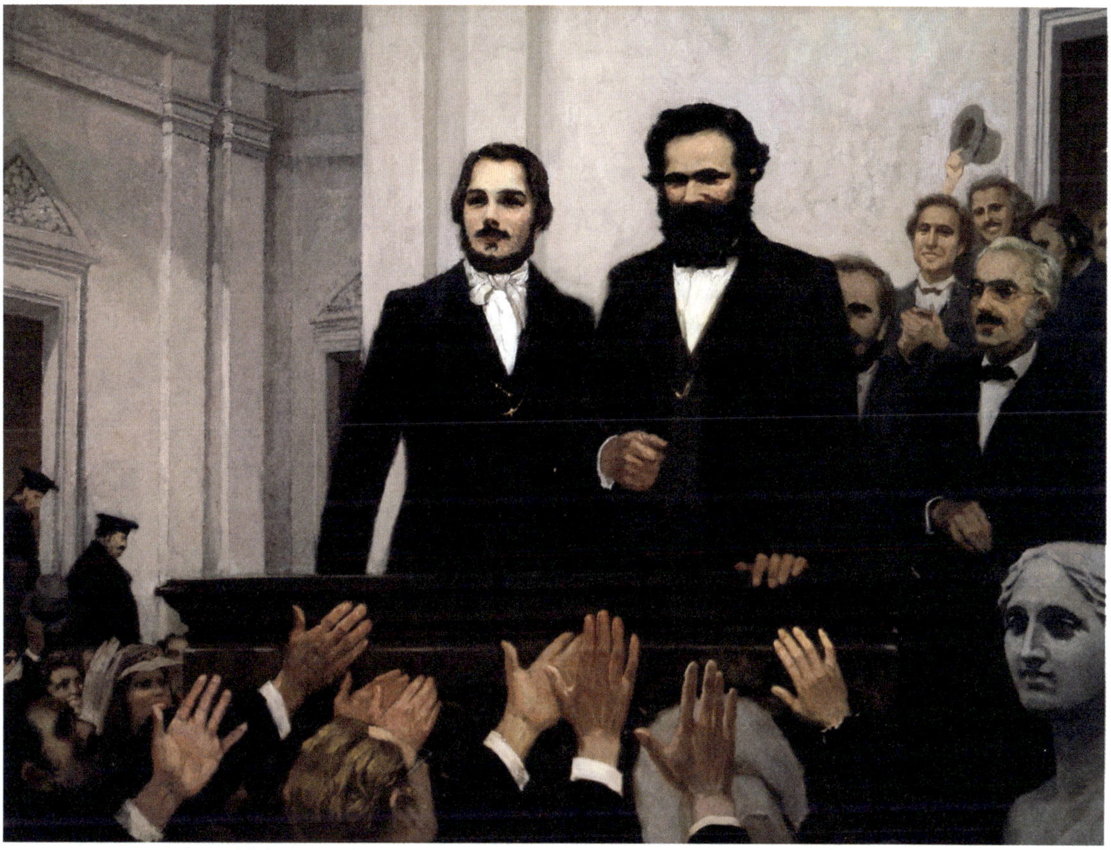

34

33 纪念柏林街垒战一周年宴会（素描）潘鸿海。1849 年 1 月中，恩格斯从瑞士回到科隆，重新投入《新莱茵报》的编辑工作。3 月，他出席了科隆的工人和民主派为纪念柏林街垒战一周年而举行的宴会，并提议为巴黎的六月起义者干杯。

34 法庭上的胜利（油画）李天祥、赵友萍。1849 年 2 月，普鲁士当局以侮辱检察官和诽谤宪兵的罪名传讯《新莱茵报》主编马克思和编辑恩格斯。在科隆的法庭上，马克思和恩格斯通过大量证据有力驳斥了对他们的污蔑，法庭不得不宣告他们无罪。

35 马克思和恩格斯在科隆受审时发言全文以《两个政治审判案》为名于 1849 年在科隆出版

Zwei

politische Prozesse.

Verhandelt vor den Februar-Assisen in Köln.

I.

Der erste Preßprozeß der Neuen Rheinischen Zeitung.

II.

Prozeß des Kreis-Ausschusses der rheinischen Demokraten.

Köln, 1849.

Verlag der Expedition der Neuen Rheinischen Zeitung.

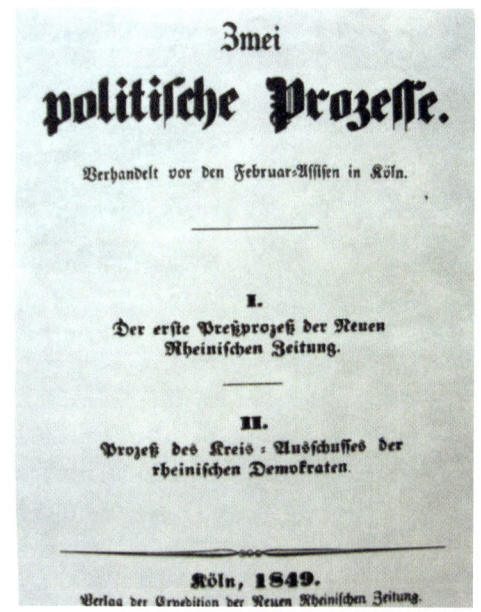

35

36

36　恩格斯带领部队在埃尔伯费尔德设置路障。1849年5月初，德国爆发维护帝国宪法的武装起义。5月9日埃尔伯费尔德起义爆发后，恩格斯立即组织军队前往埃尔伯费尔德参加起义。

37 《新莱茵报》最后一号。普鲁士当局加紧迫害《新莱茵报》。5月16日，马克思接到把他驱逐出普鲁士的命令。接着，当局又发出命令逮捕恩格斯，恩格斯不得不隐蔽起来。在这种情况下，《新莱茵报》被迫于5月19日停刊。

38 普鲁士政府下达的关于恩格斯的通缉令。上面记载着恩格斯的相貌特征：

"恩格斯。年龄：二十六至二十八岁；身长：五英尺六英寸；头发：浅色；前额：高耸；眉毛：棕色；眼睛：蓝色；鼻和嘴：匀称；胡须：栗色；下颌：椭圆形；脸庞：椭圆形；脸色：健康；身材：匀称。特征：说话很快，近视……"

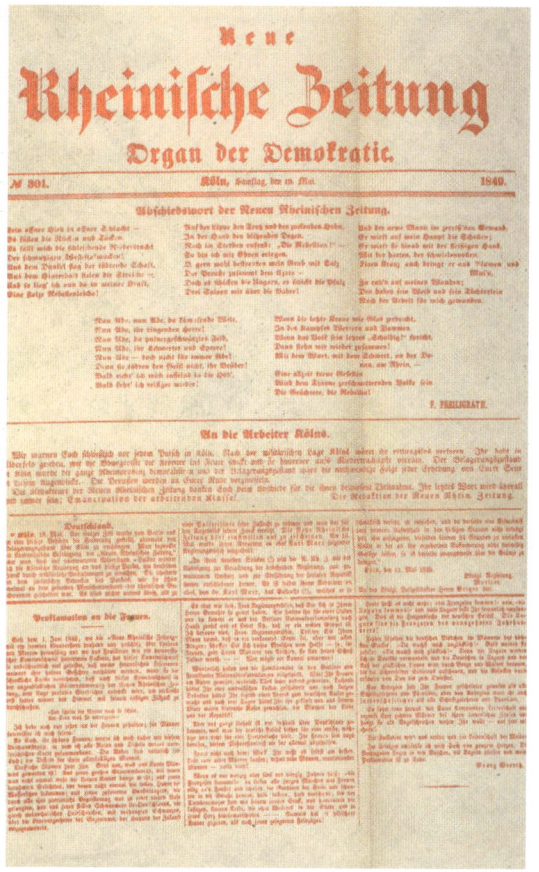

38　　　　　　37

40

39 在普法尔茨前线（油画）杨红太。《新莱茵报》停刊后，马克思和恩格斯到法兰克福、巴登、普法尔茨等地进行革命活动。1849年6月中旬，恩格斯参加了巴登—普法尔茨革命军，担任维利希的副官，同维利希一起制定作战计划，并亲自参加了四次战斗，其中一次是著名的拉施塔特会战。

40 1849年5月13日，拉施塔特起义。

41 1849年7月11日，巴登革命军撤退到瑞士。

42 1849年7月25日，恩格斯从瑞士写信给在巴黎的燕妮，表达了他对马克思安危的关切，并告诉她自己参加了巴登—普法尔茨起义军。

42

41

在瑞士流亡一个多月后，恩格斯接到了马克思邀请他去英国的信。10月6日，恩格斯取道意大利，在热那亚乘坐斯蒂文斯船长的英国纵帆船"科尼什钻石号"（"康沃耳钻石号"），上溯泰晤士河，环绕比利牛斯半岛并穿过比斯开湾，经过五个星期的航行，于11月中旬到达伦敦，居住在索荷区第恩街迈克尔斯菲尔德街6号。

在分别半年之后，两位战友重新聚首。他们共同在新的形势下迎接新的挑战。

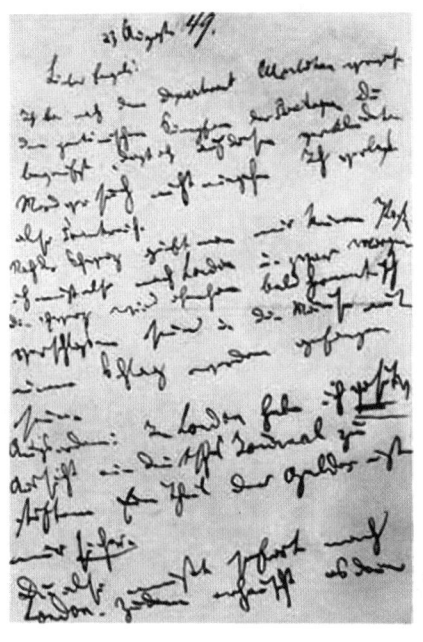
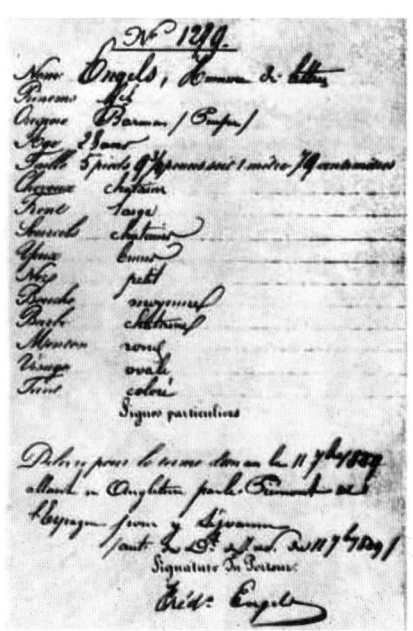

43　1849年8月23日，马克思写给恩格斯的一封信。马克思在信中告诉恩格斯，他已经被巴黎政府驱逐，正打算带着家眷前往英国。信中这样写道："亲爱的恩格斯，我能在伦敦开拓德文报纸的广阔前景……"

44　恩格斯向瑞士政府提出的办理护照申请。10月初，他离开瑞士，取道意大利前往英国与马克思会晤。

45 赴伦敦途中（中国画）甘正伦、王庆明。1849年10月初，恩格斯离开瑞士，绕道意大利，从热那亚乘船，经过五个星期的航行，于1849年11月，抵达英国伦敦，准备同马克思一起重新开展革命的宣传和组织工作。

46 恩格斯利用航行机会研究航海学，在他的旅行日记中记载着有关太阳的位置、风向、海岸等情况。这是恩格斯所作的西班牙木尔西亚一带的海岸轮廓。

47 恩格斯在"康沃尔钻石号"轮船上观测海洋。

46

47

总结1848—1849年革命的经验教训，进一步研究革命理论，特别是从经济上对共产主义进行彻底的科学论证，为未来的无产阶级革命打下坚实的理论基础，是摆在马克思恩格斯面前的重要任务。

分析当时的具体情况，马克思恩格斯认识到，19世纪40年代欧洲社会经济发展状况还远没有成熟到可以消灭资本主义制度的程度，指出"在1848年要以一次简单的突然袭击来实现社会改造，是多么不可能的事情"，相反，"从1848年年中开始逐渐复兴而在1849年和1850年达到全盛状态的工业繁荣，是重新强大起来的欧洲反动势力的振奋力量"。所以，1850年秋季他们就已经宣布，"至少革命时期的第一阶段已告结束，而在新的世界经济危机爆发以前什么也等待不到。""新的革命，只有在新的危机之后才可能发生。但新的革命正如新的危机一样肯定会来临。"

1848年革命是世界历史上一次伟大的群众革命运动。在这场轰轰烈烈的运动中，整个欧洲就像突然点着的火焰，最终却没能燃烧成熊熊烈火。革命使欧洲无产阶级经受了一次教育和锻炼，认识到无产阶级和资产阶级的利益是根本对立的。正如恩格斯所指出的："1848年革命虽然不是社会主义革命，但它毕竟为社会主义革命扫清了道路，为这个革命准备了基础。"

同样，1848年革命以巨大的革命实践，证明马克思主义是指导无产阶级革命斗争的、经得起考验的、唯一正确的学说。

革命失败后，资本主义进入了一个迅猛发展的新时期，无产阶级革命和工人运动暂时处于低潮。经历战斗考验的两位战友，继续组织领导共产主义者同盟队伍，积聚革命力量。同时利用"目前这个表面平静的时期"写下了一系列光辉不朽的著作，"剖析前一革命时期，说明正在进行斗争的各政党的性质，以及决定这些政党生存和斗争的社会关系"，为未来的革命作理论上的准备。

然而，要从事和完成这一伟大的历史任务绝非易事。在伦敦的一年，恩格斯亲眼看到自己的战友为了同盟的工作，为了科学著述付出了多么巨大的代价。在普鲁士政府的封锁下，马克思一家陷入经济上的困境，债台高筑、食物匮乏、疾病缠身。为了使马克思能专心致志地从事理论研究，恩格斯决定作出牺牲，重新回到他极其厌恶的经商生活。

1850年11月的一天，浓雾弥漫，恩格斯紧紧握着前来为他送行的马克思的手，怀着复杂的心情坐上了开往曼彻斯特的火车。

48 讨论《告同盟书》(油画) 毛凤德。恩格斯到达伦敦后，立即参加了以马克思为首的共产主义者同盟中央委员会的工作。他和马克思共同起草的 1850 年 3 月和 6 月《中央委员会告共产主义者同盟书》，对于同盟的改组起了重大作用。其中总结了欧洲革命的经验，制定了无产阶级在未来革命中的纲领和策略。

49 马克思和恩格斯 1850 年在伦敦创办的《新莱茵报。政治经济评论》。该刊 1850 年 3—11 月在汉堡出版，共 6 期，发表了马克思、恩格斯总结 1848—1849 年革命经验的一系列著作，丰富和发展了无产阶级革命理论。

50 发表在《新莱茵报。政治经济评论》第 5—6 期上的恩格斯的文章《德国农民战争》

51 同维利希 — 沙佩尔集团作斗争 (工笔画) 杨刚。1850 年秋，同盟内部维利希—沙佩尔集团反对马克思恩格斯在革命转入低潮形势下确定的正确方针和策略，醉心于立即发动革命，夺取政权。马克思和恩格斯在 1850 年 9 月 15 日同盟中央委员会非常会议上，代表多数派同维利希—沙佩尔集团少数派进行了坚决斗争。在马克思的建议下，会议决定把中央委员会迁往科隆。

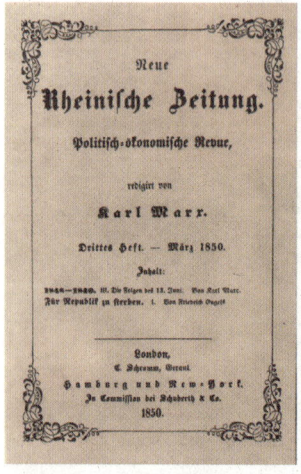

49　　　　　50

第四章

曼彻斯特二十年的坚守与担当

1848年大革命失败后，欧洲大陆各国革命运动被镇压下去，反动统治笼罩着整个欧洲。马克思和恩格斯认为，在目前资产阶级社会的生产力正在蓬勃发展的时候，谈不到真正的革命，要彻底批判各种错误的社会主义思潮，必须进一步研究政治经济学的理论，为科学社会主义的原理建立更牢固的理论基础。恩格斯意识到，唯有自己继续从事"该死的生意"，才能帮助马克思一家维持生活，使马克思能继续从事理论研究和革命工作。在这种情况下，恩格斯重新回到曼彻斯特，到他父亲的公司工作，重新同他所讨厌的"鬼生意"打交道，整整二十年，直到1870年才再次摆脱了商业事务。

恩格斯的父亲乐于看到长子向商业"屈服"，期待儿子远离革命理想，最终会对生意感兴趣。不过，恩格斯原本只打算用最多几年时间来经营"鬼生意"，一旦出现革命形势，便马上改变生活。他没有想到，计划中的短暂居留竟延长为20年。

在这20年时间里，恩格斯不得不过着"两重生活"，同棉纱生意打了近二十年的交道，他出入办事处和交易所，处理公司的各种日常业务，研究商务报告和交易所的行情，向世界上许多国家书写商业函件，同资本家打交道，这使他感到十分烦恼。

恩格斯在曼彻斯特有两处寓所，"正式寓所"用于商务活动，是一套在市区的漂亮住宅，然而，郊区海德路上那间简朴的"非正式住所"才是恩格斯真正的家。"傍晚，恩格斯摆脱了商业事务的奴役，回到自己的小房子里，他才又成为自由人。"在这种"埃及的幽囚"般的生活中，只有在晚间和休息日，他才能回到妻子玛丽身边，享受家庭的温暖，从事理论研究和革命活动，并与来访的革命同志商讨工作。

从1850年到1870年，恩格斯住在曼彻斯特，马克思住在伦敦，在这20年时间里，在曼彻斯特和伦敦之间，两人常常是一天一封信甚至是几封信，一个星期不写信的时候是极少的。如果由于特殊情况一方好些天没有写信，另一方就会深感不安。

几乎没有一个领域不曾在这些书信中谈到，他们跟踪分析世界各地的政治经济状况，探讨无产阶级斗争的战略策略，提出科学研究中理论上和资料上的问题，交流各自研究领域中的心得和假设，阐发马克思主义的许多重大结论。这些书信既是马克思主义理论宝库的百科全书，又是两位战友的伟大友谊的动人展现。两位知己的通信处处显示出对对方的殷切关心。

马克思的小女儿爱琳娜回忆："在这二十年中，这两位老朋友只是偶尔有过几次短暂的会面。虽然如此，他们之间的联系仍然是很紧密的。我童年时代最初的记忆之一就是曼彻斯特的来信。马克思和恩格斯差不多每天都有书信往还，记得摩尔常常拿着信自言自语，好像写信的人就在面前似的：'嗯，不对，反正情况不是这样……''在这一点上你对了'

等等。但是特别使我忘不了的是：有时摩尔读着恩格斯的来信，笑得眼泪都流了出来。"

1857年2月，恩格斯由于忙一些杂事，耽误了给马克思的回信，马克思写信询问："亲爱的恩格斯，你是在哭还是在笑？是在睡觉还是醒着？最近三个星期，我往曼彻斯特寄了各种各样的信，却没有收到一封回信。"

1863年5月，马克思肝病发作，没有及时给恩格斯回信，恩格斯关切地问道："老摩尔，老摩尔，大胡子的老摩尔，你出了什么事，怎么听不到你的一点消息？你有什么不幸，你在做什么事情？你是病了？还是陷入了你的政治经济学的深渊？还是你已任命了小杜西做你的通信秘书？还是别的什么？"

马克思致恩格斯的一封信很好地刻画了两位战友之间的友谊："在这些日子里，我之所以能忍受着一切可怕的痛苦，是因为时刻想念着你，想念着你的友谊，时刻希望我们两人还要在世间共同做一些有意义的事情。"

1　恩格斯（摄于1861年）

2

2 1850年代的曼彻斯特
3 恩格斯在曼彻斯特索恩克莱路的住宅
4 恩格斯在曼彻斯特的住宅：曼彻斯特牛津街特隆克利夫小林坊 6 号
5 19 世纪 50 年代曼彻斯特欧门 — 恩格斯公司

3

4

5

6

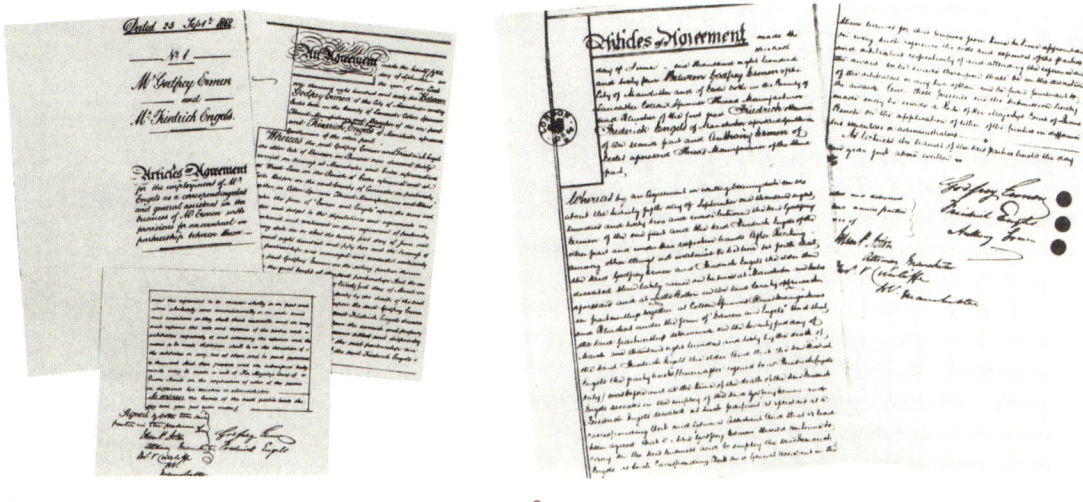

7

8

6 恩格斯（摄于1862年）

7 1862年，恩格斯与曼彻斯特欧门 — 恩格斯公司签订的合同。

8 1864年，恩格斯与曼彻斯特欧门 — 恩格斯公司签订的合同的第一页和最后一页。

9 玛丽·白恩士的死亡登记册。1863年1月6日，与恩格斯相伴20年的玛丽·白恩士因心脏病突发去世。恩格斯于1863年1月怀着极度的悲痛之心写信给马克思说："我无法向你说出我现在的心情。这个可怜的姑娘是以她的整个心灵爱着我的"；"我觉得我仅有的一点青春已经同她一起埋葬掉了"。

9

恩格斯在曼彻斯特忍受"埃及的幽囚"般的生活，主要是为了从经济上帮助马克思，使他能专心从事政治经济学的理论研究，创作《资本论》。有学者统计，这20年间，恩格斯陆陆续续给马克思提供了3000多英镑的援助。

"我最渴望不过的事情，就是摆脱这个鬼商业，它耗费时间，使我的精神完全沮丧了。只要我还在经商，我就什么也不能干；尤其是我当上老板之后，负的责任更大，情况也就更糟了。如果不是为了增加收入，我真想再当办事员。无论如何，再过几年我的商人生活就要结束，那时收入就会减少很多很多。我脑子里老是在转，那时候我们怎么办呢。不过，如果事情照目前这样发展下去，即使到那时不发生革命，一切财政计划也没有终止，那么事情也总是会安排妥当的。如果不是这样，那么等我脱身出来的时候，我打算开他一个大大的玩笑，写一本有趣的书：《英国资产阶级的苦与乐》。"

恩格斯的这种高尚的自我牺牲精神，使马克思深为感动。马克思多次向他倾吐感激之情。1865年7月31日，他在十分拮据的时刻求助于恩格斯时写道："我诚心告诉你，我与其写这封信给你，还不如砍掉自己的大拇指。半辈子依靠别人，一想起这一点，简直使人感到绝望。这时唯一能使我挺起身来的，就是我意识到我们两人从事着一个合伙的事业，而我则把自己的实践用于这个事业的理论方面和党的方面。"

同时，也正是因为恩格斯生活在曼彻斯特这个大工业城市，又在企业中担任职务，对资本主义经济运行的实践非常熟悉。因此，他不仅在经济上提供了马克思写作《资本论》的保证，而且还充当了马克思写作《资本论》的最好的顾问和参谋，比如恩格斯在1857年11月16日给马克思的信中附上奥尔良棉花价格变动表，供马克思参考使用。

10

10 "埃及的幽囚"（油画）李新、张红年。恩格斯作为公司职员，在公开场合不得不注意社交礼仪，适应英国商界人士的习惯，但他内心十分厌恶这种"埃及的幽囚"（马克思语）般的生活方式。

11 恩格斯（摄于1856年）

11

恩格斯满腔热忱地支持马克思的工作，特别是为马克思写作《资本论》奉献了智慧和力量，他们共同研究《资本论》的篇章结构、重要论点和叙述方法，同时也涉及哲学、历史、军事、语言、科技等各个领域的问题。马克思在遇到理论难题时，经常同恩格斯交换意见。马克思对恩格斯的帮助怀有无限感激之情。《资本论》问世后，资产阶级学术界和舆论界以沉默来抵制这部著作。为了冲破这种沉默，恩格斯在报刊上发表了一系列书评，广泛宣传《资本论》。

对于马克思和恩格斯的伟大友谊，列宁评价说："古老的传说中有各种非常动人的友谊的故事。欧洲无产阶级可以说，它的科学是由两位学者和战士创造的。他们的关系超过了古人关于人类友谊的一切最动人的传说。"

12　伟大的友谊（油画）高莽

1867年8月16日深夜两点，马克思看完《资本论》第一卷最后一个印张的校样后致信恩格斯，深情地写道："这样，这一卷就完成了。其所以能够如此，我只有感谢你！没有你为我作的牺牲，我是绝不可能完成这三卷书的巨大工作的。我满怀感激的心情拥抱你！"

13

13 向恩格斯报捷——《资本论》第一卷完成（油画）何孔德。马克思在写作《资本论》时，不仅得到恩格斯的物质援助，而且也得到他在思想上的许多帮助，凡是遇到重大理论问题，马克思总是同恩格斯交换意见，有时特意把恩格斯请到伦敦，共同进行认真讨论。《资本论》问世后，恩格斯写了一系列书评，对宣传马克思主义经济学起了很大作用。

1868年3月21日《民主周报》上刊载的恩格斯为《资本论》第一卷写的书评。

《资本论》在大陆上常常被称为"工人阶级的圣经"。任何一个熟悉工人运动的人都不会否认：本书所作的结论日益成为伟大的工人阶级运动的基本原则……各地的工人阶级都越来越把这些结论堪称是对自己的状况和自己的期望所作的最真切的表述。

——恩格斯

14　恩格斯为《民主周报》所作的《资本论》书评

19世纪50—60年代,恩格斯密切注视着重大政治事件,写了大量政论文章。为了让马克思专心从事政治经济学研究,恩格斯大力协助马克思为美国《纽约每日论坛报》撰稿,由恩格斯撰写、以马克思名义发表的文章就有120余篇,其中《德国的革命和反革命》一组19篇文章,全面总结了德国1848—1849年革命。此外,恩格斯还关注欧洲资产阶级民主主义运动和民族解放运动、印度人民反抗英国统治的起义、美国内战、波兰人民反对沙皇压迫的起义等。

19世纪中叶,当时的中国历史正在发生前所未有的重大转折。1840—1842年,英国对中国发动第一次鸦片战争。随着资本主义势力的入侵,中国社会的性质发生根本性的变化,独立的封建的中国逐渐演变为半殖民地半封建的中国,中国人民逐步走上了反帝反封建的斗争道路。鸦片战争是中国近代史的起点,也是马克思恩格斯集中分析中国的着眼点和切入点。

恩格斯一贯同情东方被压迫民族的解放运动,支持中国人民反抗外国侵略者的斗争。19世纪50年代,他先后发表三篇文章,谴责英国发动第二次鸦片战争,赞颂中国人民反抗列强侵略、争取民族生存的斗争,并预言旧中国死亡的时刻正在迫近,中华民族将以崭新的面貌屹立于东方:"过不了多少年,我们就会亲眼看到世界上最古老的帝国的垂死挣扎,看到整个亚洲新纪元的曙光。"

15

15 恩格斯出席1851年1月5日宪章派曼彻斯特委员会组织的公开集会（油画）李骏。19世纪50年代初期，英国宪章派左翼领袖在共产主义者同盟领导人的帮助下展开了反对妥协倾向的斗争，力图在革命基础上恢复宪章运动。恩格斯在曼彻斯特的最初几年，除继续为革命宪章派刊物撰稿外，还参加了建立新的地方组织的工作。

16 恩格斯（摄于19世纪60年代）

17 1852年10月28日，马克思、恩格斯等人写的"科隆审判案"的声明。该声明曾发表在多种英文杂志上。

18 刊登马克思、恩格斯等人声明的美国报刊

19 1852—1853年，普鲁士警察局档案中的马克思"案卷"和恩格斯"案卷"。

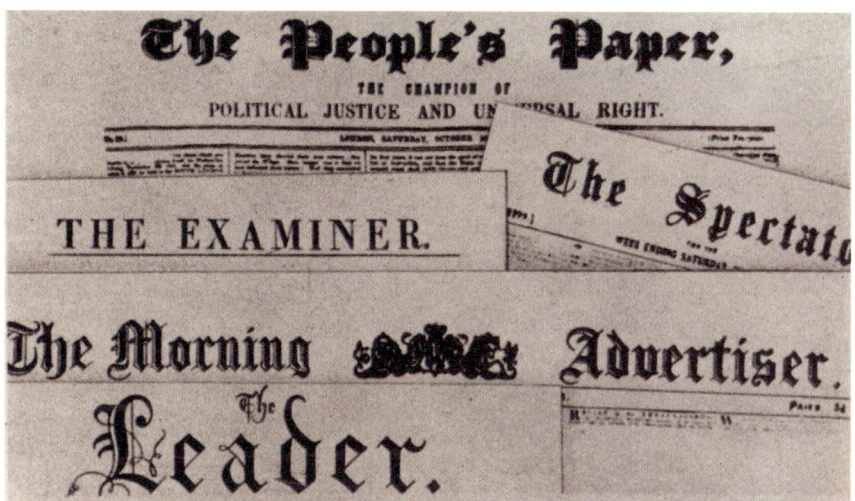

18

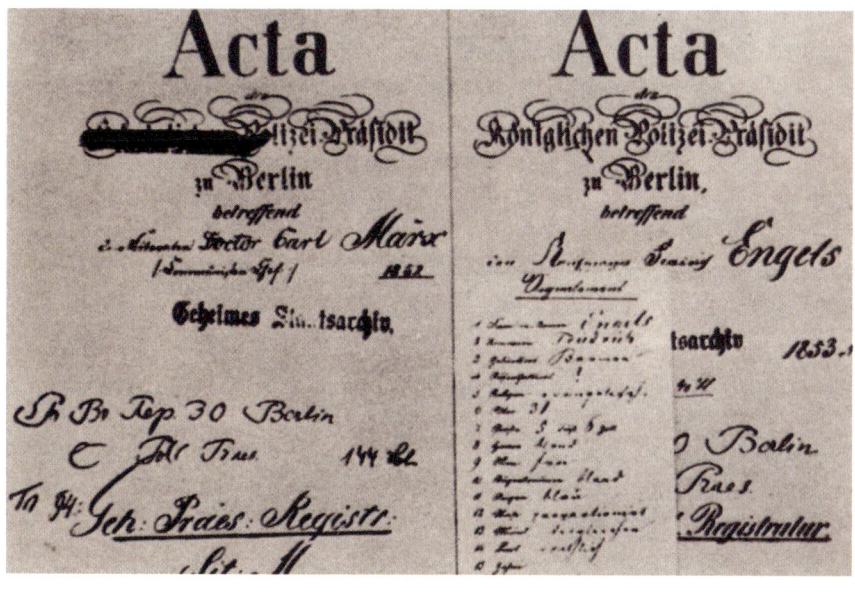

19

20 探望亲密战友（中国画）谢志高。1857年7月，恩格斯到海滨疗养。马克思对自己最亲密的战友的健康极为关怀，于10月初到泽西岛圣赫利尔探望恩格斯，并同恩格斯一起去看望正在患结核病的共产主义者同盟时期的老战友康拉德·施拉姆。

21 恩格斯一贯同情东方被压迫民族和民族解放运动，支持中国人民反抗外国侵略者的斗争。1857年6月5日恩格斯的《波斯和中国》发表在《纽约每日论坛报》上，论述了人民战争和游击战争在落后国家或弱小民族反侵略战争中的意义和作用。

22 马克思夫人燕妮关于向报刊寄送马克思和恩格斯文章的记载

Friedrich Engels
Manchester, Erstes Halbjahr 1864

23

23 恩格斯(摄于 1864 年)

24 恩格斯的著作《波河与莱茵河》。19 世纪 50 年代末,欧洲民族解放运动重新兴起,德国和意大利两个国家的统一问题提上了日程。为了阐明对意大利战争和统一问题的立场,恩格斯于 1859 年初在德国匿名发表了小册子《波河与莱茵河》,1860 年发表了续篇《萨瓦、尼斯和莱茵》。这两部著作在德国产生了很大影响。

24

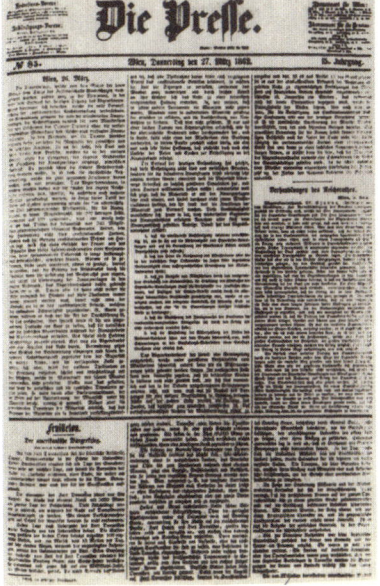

26

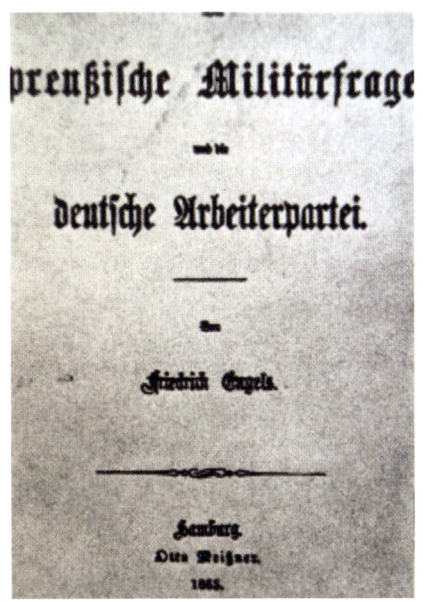

27

25　恩格斯的著作《萨瓦、尼斯和莱茵》

26　马克思恩格斯的《美国内战》发表在《新闻报》1862年3月27日中的一个版面。19世纪60年代初期爆发的美国内战引起了恩格斯的注意。他指出，为黑人的解放进行斗争是同工人阶级有切身利害关系的事业。

27　恩格斯写的《普鲁士军事问题和德国工人政党》一书扉页

在马克思的女儿燕妮的纪念册中保存有恩格斯的《自白》，当问到"您的特点"时，恩格斯的答案是"天下事都略有所知"。这固然是恩格斯的谦虚，但是他广泛的兴趣和丰富的研究却是事实。恩格斯在曼彻斯特期间，进行了很多独立的研究工作。他详细研究各门自然科学，使辩证唯物主义更加牢固地建立在科学的基础上；他刻苦研究军事问题，写了大量军事论文，奠定了无产阶级军事科学的基础；他密切注视重大政治事件，写了大量政论文章。他能阅读二十种文字，用十二种语言谈话和写文章。在恩格斯和马克思频繁往来的书信中，他们探讨了各种问题，哲学和自然科学、战争史和军事理论、语言学和数学、工艺技术和文学、历史和国际政治、工人运动的战略和策略，当然，最经常讨论的首先是政治经济学的问题。在这个时期，恩格斯还经常外出旅行，他曾游历过爱尔兰、瑞士、意大利、瑞典、丹麦等，积累了各方面丰富的理论知识和实践知识。

1869年6月30日，恩格斯终于实现了多年的愿望，结束了在曼彻斯特欧门—恩格斯公司的工作，终结了"埃及的幽囚"般的境遇。

他给母亲写信表达了高兴的心情："亲爱的妈妈，今天是我自由的第一天，我觉得要更好地度过这一天，莫过于立即给您写信。""我刚刚获得的自由使我高兴极了。从昨天起，我已经完全变成另一个人了，年轻了十岁。今天早晨，我没有到那阴郁的城市里去，而是趁天气晴朗在田野里漫步了几个小时。我的房间布置得很舒适，可以打开窗户，不必担心到处都是煤烟尘垢了，窗台上摆着花卉，屋前长着一些树木；坐在这样的房间里的写字台前，同坐在客栈里我那间只能看到天井的阴暗的房间里，工作起来完全不同了。"

当天正在恩格斯家作客的爱琳娜回忆当时的情景："尽管恩格斯有这些朋友，但是要他这样生活二十年想起来是很可怕的。这倒不是说他曾经怨天尤人、牢骚满腹。恰恰相反，他平静愉快地工作，好像世界上再不会有什么事情比'上班办公'和坐办公室更为惬意似的。但是当这种苦刑式的工作将近结束我到他家作客的时候，我才知道这些年头对他来说是什么滋味。我永远不会忘记，那天早晨当他穿上皮靴最后一次到营业所去的时候，他是多么高兴地喊着：'最后一次了！'几个小时以后，当我站在大门口等他回来，只见他从门前的一小片田野里走过来，挥舞着手杖，容光焕发地唱着歌。然后我们就像过节一样大吃一顿，喝香槟酒，陶醉在幸福中。那时我还年幼，不懂得什么。可是现在一回想起，总忍不住流下泪来。"

在伦敦的马克思对恩格斯的到来满怀期待："当恩格斯来信说他要从曼彻斯特到伦敦来的时候，马克思一家都为此大大欢庆，老是在谈论这件事，而当恩格斯来的那一天，马克思等得不耐烦，甚至工作不下去，两个朋友抽烟喝酒，通宵畅谈他们分别后发生的一切事情。"

1870年9月，50岁的恩格斯逃出"埃及的幽囚"般的生活，从曼彻斯特移居到伦敦生活。燕妮为他们一家找的房子位于瑞琴特公园路122号,这里内部设备完善,周围环境清幽,更重要的是,这里距离马克思的寓所很近,步行15分钟就可以到达。1870—1883年这段时间,对于马克思和恩格斯都是十分珍贵的,两人几乎天天见面。他们常一道出去散步,也常在家里共同工作。据爱琳娜回忆,在那些日子里,两位朋友往往在马克思的书房走来走去:"两人各沿屋子的一边,走到屋角就转过身来,他们的鞋跟在地板上磨出了一些坑洼。他们在这里讨论了许多大多数人解决不了的问题。他们时常两人一前一后地走来走去,半晌不发一言。有的时候又各自说自己所想的一套,直到半小时后大家都停了下来,相互承认双方所想的问题毫无共同之处,于是两人就放声大笑起来。"

马克思的女儿燕妮说,这一对"知己"朝夕相处,相互都年轻多了。"恩格斯在摩尔身上起的作用,比任何药物都大得多……我们每天见到'将军',晚上和他一起,大家都感到非常愉快。"

28 喜讯传来(中国画)甘正伦、王庆明。马克思将国际工人协会成立的消息写信告诉恩格斯,并详细介绍了国际成立和起草《国际工人协会成立宣言》的经过。恩格斯是国际会员,由于他当时是欧门—恩格斯公司的股东而不能以会员身份公开出现,因此在一段时间内主要起顾问的作用并撰写政论文章。

第四章 | 曼彻斯特二十年的坚守与担当

28

29 1864年11月4日马克思写给恩格斯的信。马克思在信中详细介绍了国际成立和起草《国际工人协会成立宣言》的经过。

30 访问爱尔兰（油画）张红年。恩格斯一直非常关心爱尔兰的问题，19世纪60年代末他集中研究了爱尔兰的历史，计划写一部关于爱尔兰史的巨著，但由于普法战争的爆发、巴黎公社的成立和第一国际的繁重工作，这一计划未能实现。1869年9月，恩格斯再次访问爱尔兰，陪同他的有夫人莉希和马克思的小女儿爱琳娜。

30

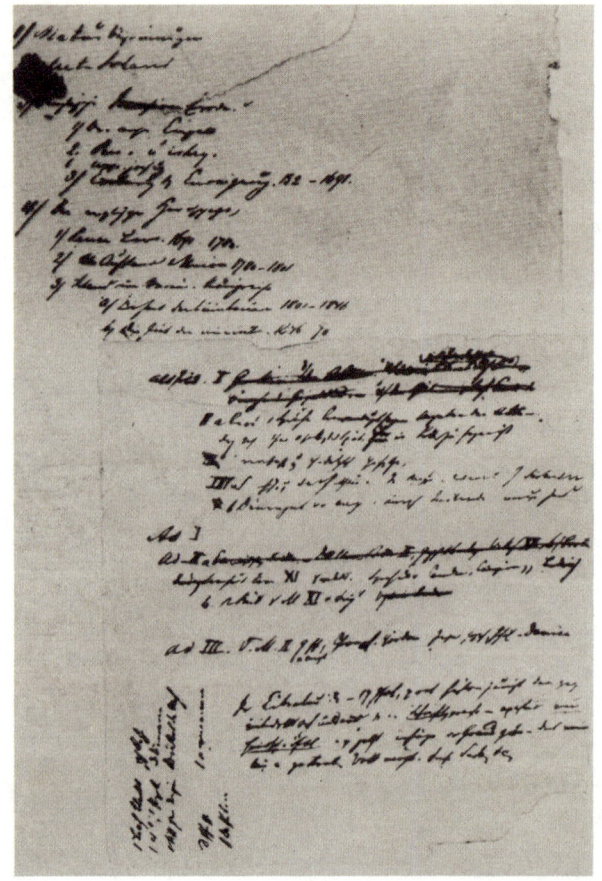

31　恩格斯草拟的《爱尔兰史》写作大纲
32　恩格斯写的《爱尔兰史》手稿第一页

33

33 恩格斯（摄于19世纪60年代）

34

34 马克思、恩格斯和马克思的三个女儿在一起（摄于 1864 年 5 月）。

35 在恩格斯家作客（工笔画）杨刚

36 马克思女儿燕妮的纪念册中保存下来的恩格斯的《自白》。在 20 年分住两地的漫长岁月中，恩格斯和马克思见面机会非常有限。难得的短暂的欢聚往往使他们忘记了流亡生活的痛苦。

35

Your favourite virtue: jollity
Chief quality in man: to mind his own business
— in woman: not to mislay things
— chief characteristic: knowing everything by halves
Idea of happiness: Château Margaux 1848.
— of misery: to go to a dentist
The vice you excuse: excess of any sort
— detest: Cant
Your aversion: affected stuck-up women
The character you most dislike: Spurgeon
Favourite occupation: chaffing and being chaffed
— Hero: none
— Heroine: too many to name one
Poet: Reineke de Vos, Shakespeare, Ariosto
Prose writer: Goethe, Lessing, Dr. Samelson.
Flower: Blue Bell
Colour: any one not Aniline
Dish: cold: Salad, hot: Irish Stew
— Maxim: not to have any.
Motto: take it aisy.

F. Engels

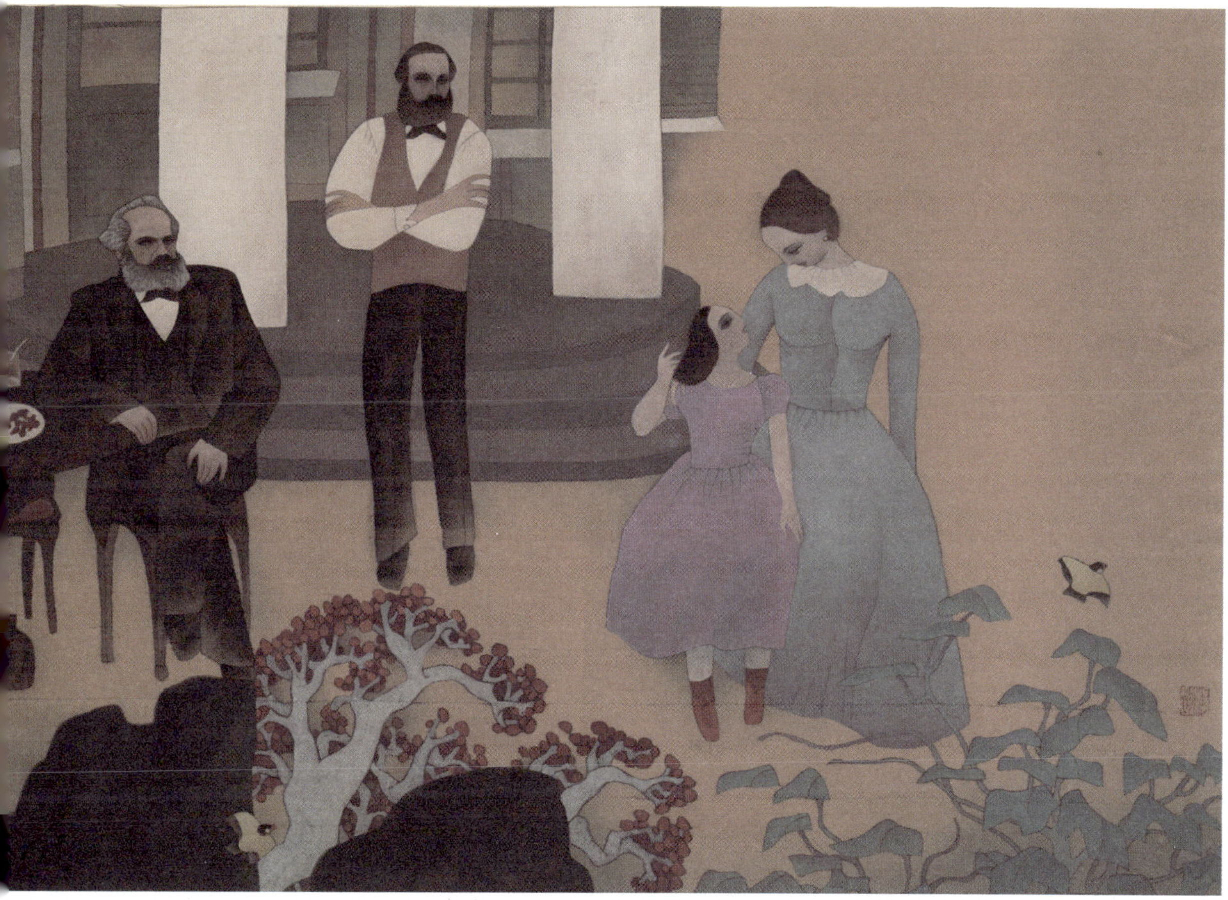

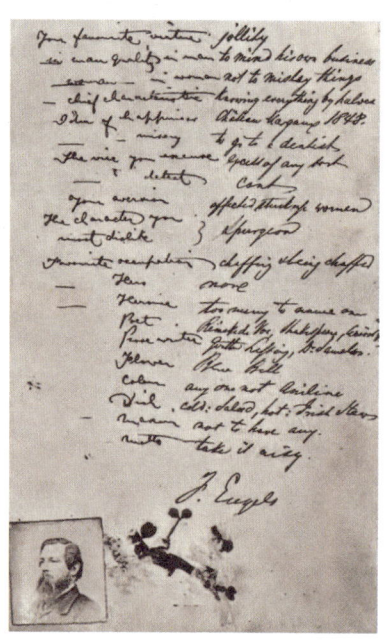

36

37

37 狩猎（油画）孙向阳。恩格斯不仅热爱旅行，还是一位出色的猎手。在曼彻斯特居住期间，他经常参加猎狐等活动。

38 "一个自由的人"（中国画）韩国臻。1869年6月30日，恩格斯终于实现了多年的愿望，结束了在曼彻斯特欧门 — 恩格斯公司的工作。从此以后，他就完全献身于无产阶级革命事业，专心致志于政治和理论研究活动。

39 恩格斯签订的退出欧门 — 恩格斯公司的契约

第五章

积极参与领导
国际工人协会

当恩格斯准备举家迁往伦敦的时候，爆发了震撼欧洲的普法战争。瞬息万变的战争局势，需要两位导师经常交换意见，及时作出判断，具体指导德法等国工人阶级应对各种突如其来的新情况。普法战争期间，恩格斯在《派尔—麦尔新闻》上发表多篇精辟的《战争短评》，在伦敦引起了极大的轰动，"被公认为伦敦的头号军事权威"，也在朋友们中间获得了"将军"的称号。

19世纪50年代后期爆发了资本主义的第一次世界性经济危机，各国革命运动和工人运动重新高涨起来。在工人阶级觉醒的基础上，1864年9月成立了国际工人协会。当时，恩格斯还在曼彻斯特，马克思就致信恩格斯，详细介绍了成立国际、起草成立宣言和临时章程的经过。恩格斯积极支持国际工人协会的活动，并经常就重要问题与马克思交换意见。1870年，恩格斯返回伦敦后，就被选入国际工人协会总委员会，和马克思一起领导国际工人协会。

恩格斯作为国际工人协会总委员会委员，坚定地支持巴黎公社革命者的斗争。巴黎公社是法国阶级斗争尖锐化的产物，是巴黎工人英勇斗争的丰硕成果。普法战争期间，巴黎工人以极大的坚毅精神坚持了131天被围困的生活，同资产阶级投降卖国活动进行了激烈的斗争。

1　恩格斯（摄于 1868/69 年）

2 恩格斯和马克思在一起（油画）高泉。1870年9月20日，恩格斯迁居伦敦，住在离马克思家不远的瑞琴特公园路。从此两人朝夕相处，共同商讨理论问题和革命工作。

3　伦敦瑞琴特公园路122号，1870年9月至1894年10月恩格斯居住在这里。

4　19世纪70年代初，马克思在伦敦西北区哈佛斯托克小山梅特兰公园路1号的住宅，和恩格斯的寓所仅隔15分钟的路程。

5 恩格斯在伦敦定居后，参与了国际工人协会总委员会的工作，先后成为总委员会比利时、意大利、西班牙、葡萄牙和丹麦的通讯书记。这是关于恩格斯 1870 年 10 月 4 日被选入国际总委员会的会议记录。

6 马克思、恩格斯等人 1870 年 9—12 月出席国际工人协会总委员会会议的记录

7 马克思、恩格斯等人 1871 年 1—3 月出席国际工人协会总委员会会议的记录

8 恩格斯担任国际工人协会总委员会意大利通讯书记的委托书

9 国际工人协会总委员会意大利通讯书记恩格斯 1871 年 11 月 30 日给朱泽培·博里安尼的委托书

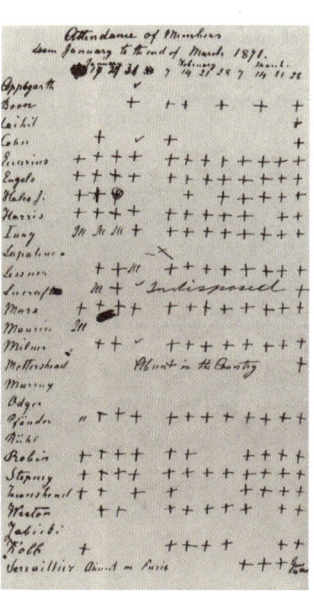

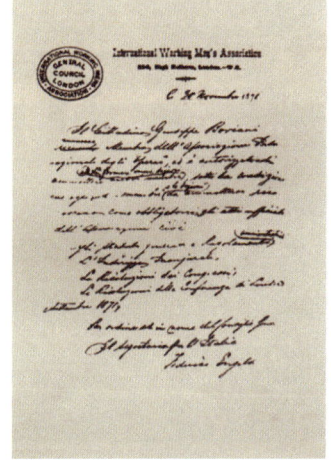

10

10 1870年9月1—2日的色当战役。1870年7月,普法战争爆发。9月初色当一役法军大败,法国皇帝拿破仑三世被俘。巴黎人民推翻王朝,宣告法兰西共和国成立。

11 1870年9月4日,法兰西共和国宣告成立。图为人群欢呼共和国诞生。

第五章 | 积极参与领导国际工人协会　　173

11

马克思和恩格斯虽然远在伦敦，但仍密切注视着巴黎革命形势的发展，对革命运动的每一进程表示莫大的关注。1870年秋，马克思曾警告巴黎工人，在普鲁士军队即将攻占巴黎时，不要举行起义。尽管他们预见到巴黎人民要失败，但是，马克思恩格斯仍然热烈赞扬巴黎无产阶级的伟大创举，热情支援巴黎公社。恩格斯通过各种渠道，同巴黎公社革命者建立联系，与马克思一起给予公社各种合理建议，可惜公社未能完全贯彻执行他们的建议。巴黎公社被反革命镇压后，大批逃亡者奔向伦敦。恩格斯以极大热忱参加营救公社革命者的活动，从经济上援助大量流亡伦敦的公社社员。恩格斯建议总委员会设立流亡者救济基金，他带头为救济基金捐款。他还参加由总委员会设立的公社流亡者救济委员会，帮助公社社员办理出国护照、逃往国外，多次募捐安排他们的生活，为他们找工作，尽一切努力保护他们。

12

12 "伦敦的头号军事权威"（中国画）李子侯。普法战争爆发后，受马克思委托，恩格斯给《派尔—麦尔新闻》撰写了59篇战争评论，他以非凡的洞察力分析了军事进程。这些军事评论和报道受到舆论界和亲友们的好评和赞扬。从此恩格斯便在亲友中获得了"将军"的称号。

13 刊登恩格斯军事评论的《派尔 — 麦尔新闻》报头及《法国的军事形势》一文

14 战火中的巴黎

15 当普鲁士侵略者兵临城下之际,巴黎的工人和市民组成国民自卫军奋起保卫祖国的首都。但是,新成立的临时政府却采取丧权辱国的投降政策,激起人民群众的愤慨。巴黎人民于 1870 年 10 月 31 日和 1871 年 1 月 22 日两次举行起义,均遭镇压。1871 年 3 月 18 日,巴黎人民挫败了反动政府企图夺取蒙马特尔高地上国民自卫军大炮的阴谋,起义获得成功,建立了世界上第一个无产阶级政权 —— 巴黎公社。图为 1871 年 3 月 18 日巴黎市民和国民自卫军控制了国民自卫军大炮。

14

15

16 1871年3月19日，国民自卫军中央委员会完全掌握了巴黎的政权。国民自卫军发表《告人民书》，宣布即将由工人通过选举成立公社。

17 恩格斯向国际总委员会报告巴黎起义的情况（**素描**）顾盼。从巴黎公社诞生之日起，恩格斯和马克思坚决站在"冲天的巴黎人"一边。1871年3月21日，恩格斯在国际总委员会会议上第一次报告了巴黎起义的情况。

18 恩格斯向国际总委员会报告关于巴黎公社情况的发言记录

19 1871年3月28日巴黎公社在市政厅广场宣告成立

20 1871年3月29日巴黎公社宣告成立的公告

21

22

23

21　公社委员会在巴黎市政厅举行会议

22　1871年4月16日，约3万余劳动者在伦敦海德公园集会声援巴黎公社。

23　根据公社法令，劳动人民可以无偿取回自己典当的生活必需品。

24　公社《告农村劳动人民书》

25

26

27

25　公社根据1871年4月12日的法令，拆除了旺多姆广场上象征民族沙文主义的凯旋柱。

26　公社在伏尔泰纪念碑前焚毁断头台

27　巴黎公社成立后，盘踞在凡尔赛的梯也尔反动政府勾结普鲁士军队，进行了疯狂的围剿。公社战士们拿起武器，在巴黎街头构筑街垒，同敌人展开殊死搏斗。

28　妇女在巴黎革命中发挥着积极的作用，她们组成医疗队，帮助医院护理伤员，保持和国际各支部的联系，进行革命宣传。

29　公社妇女联合会中央委员会呼吁首都劳动妇女保卫巴黎和革命、救助伤员的海报

28

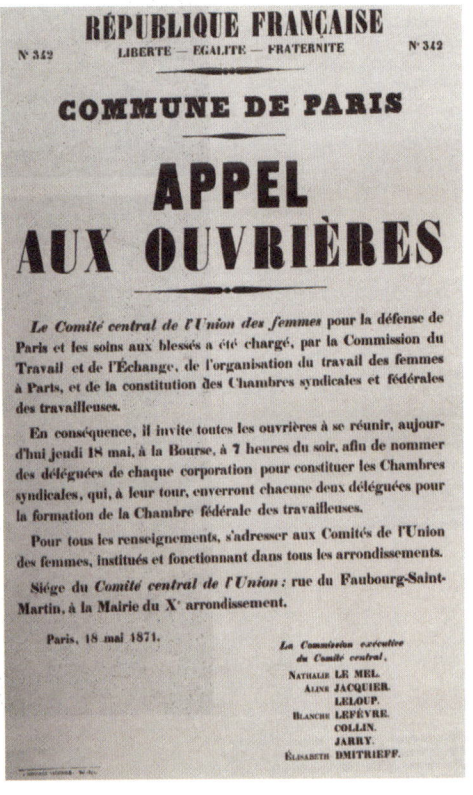

29

30

30　巴黎公社经过英勇不屈的斗争,1871年5月28日在巴黎拉雪兹神父公墓进行了最后的战斗,最终失败。

巴黎公社失败后，国际工人运动进入了一个相对和平的历史时期。1871年9月17日，国际工人协会在伦敦召开代表会议，通过了马克思和恩格斯起草的一项决议：工人阶级必须组织成为政党。这个思想后来在海牙代表大会上，被写入了国际工人协会的章程中。

31

32

31　凡尔赛军队屠杀公社战士

32　公社失败后，大批被捕的公社社员被凡尔赛反动当局拘押审判。

34

33 1871年8月23日恩格斯写信告诉马克思有关总委员会委员弗兰克尔等人以及公社流亡者的情况

34 《法兰西内战》第一稿片断。公社被镇压后,马克思和恩格斯积极投入救援公社流亡者的活动,同时为总结公社的历史经验和教训,马克思撰写了《法兰西内战》这部重要著作。著作完成后,恩格斯把它译成了德文。

35 《法兰西内战》英文版

36 《法兰西内战》德文版

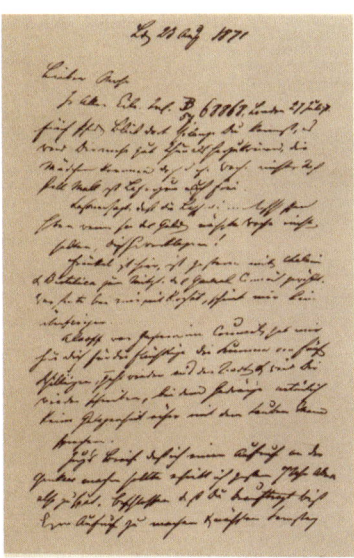

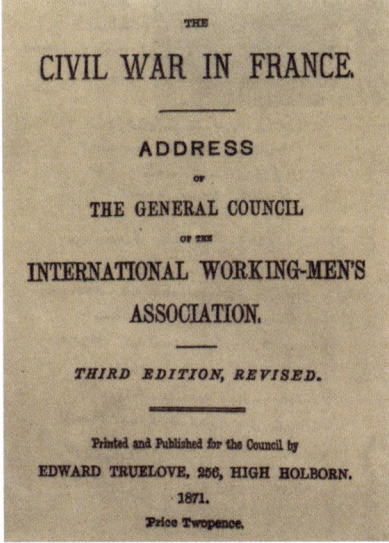

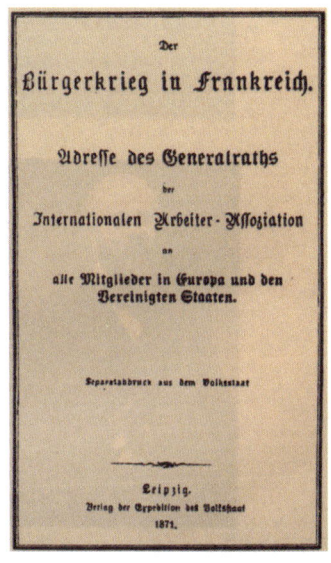

33　　　　　　　　35　　　　　　　　36

37

38

37 伊丽莎白（爱利莎）·弗兰契斯卡·毛里齐亚·恩格斯（1797—1873），恩格斯的母亲。她虽然深爱自己的儿子，但不赞成儿子的政治观点，还写信责备恩格斯公开支持巴黎公社的言行。

38 恩格斯1871年10月21日写信给母亲，理解母亲的担忧，同时又委婉而坚定地表达了自己的无产阶级立场。

39　在伦敦代表会议上（油画）李台还。巴黎公社失败后，各国统治阶级加紧对革命者和国际工人协会的成员进行迫害。与此同时，巴枯宁分子和工联机会主义分子又从内部进行捣乱破坏。为了总结巴黎公社的经验，揭露巴枯宁无政府主义的反动本质并对国际的进一步发展作出具体决定，国际工人协会在恩格斯的建议下，于1871年9月在伦敦召开了秘密代表会议，通过了《关于工人阶级的政治行动》等决议。

39

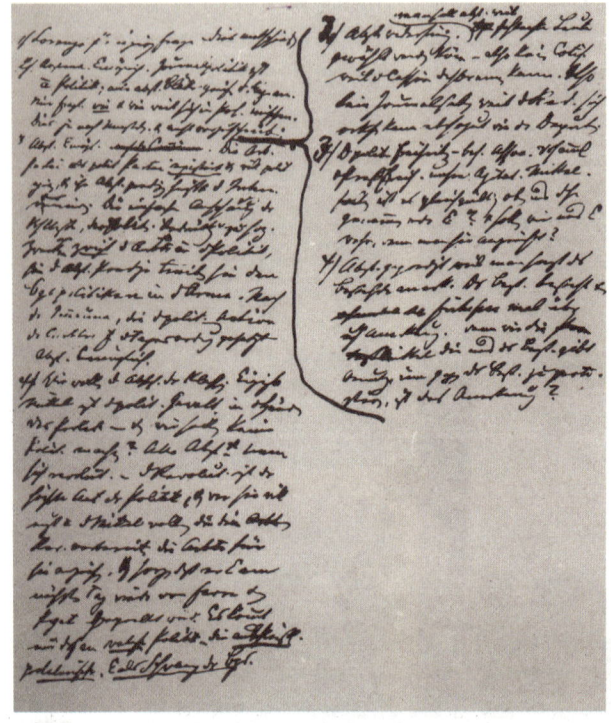 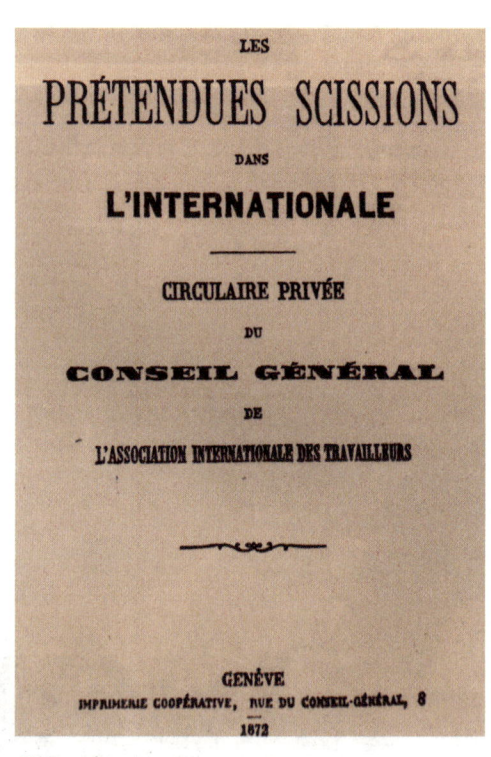

40 恩格斯在伦敦代表会议上的发言提纲

41 伦敦会议后,马克思和恩格斯写了《所谓国际内部的分裂》,对巴枯宁分子的分裂活动进行了驳斥,揭露他们的真正目的。

42 抵达海牙（中国画）马振声。伦敦代表会议后,巴枯宁分子在国际内部加紧制造分裂活动,因此,坚决制止宗派主义非法行为,便成了1872年9月召开的国际工人协会海牙代表大会的一项主要任务。这次大会是历届代表大会中最有代表性的一次。恩格斯代表总委员会向大会提出了关于社会主义民主同盟的报告。大会通告了由马克思和恩格斯起草的各项决议,决定将巴枯宁等人开除出国际。大会批准了伦敦代表会议关于无产阶级必须建立独立政权的决议,决定把国际工人协会总委员会驻地迁往纽约。

42

43

44

43　1870 年的海牙

44　恩格斯在海牙代表大会上发言（素描）茹科夫

45　海牙代表大会代表名单（恩格斯为第 19 号）

46　国际工人协会纽约支部发给恩格斯出席海牙代表大会的委托书

47　1872 年 7 月 28 日，国际工人协会纽约德国人第一支部发给马克思出席海牙代表大会的委托书。

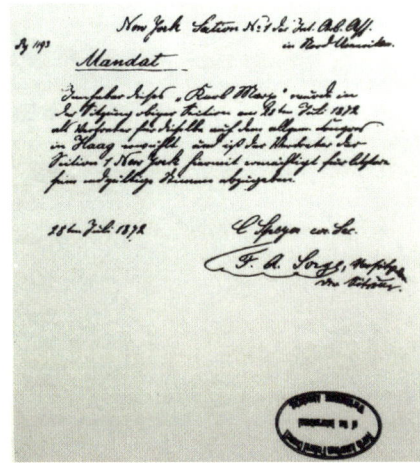

45

46

47

48

48　海牙代表大会的代表们会后步出会场

49　1872年在伦敦出版的海牙代表大会决议单行本

50　海牙代表大会后，马克思和恩格斯继续揭露巴枯宁分子的面目，他们合写了小册子《社会主义民主同盟和国际工人协会》，进一步批判巴枯宁的无政府主义。

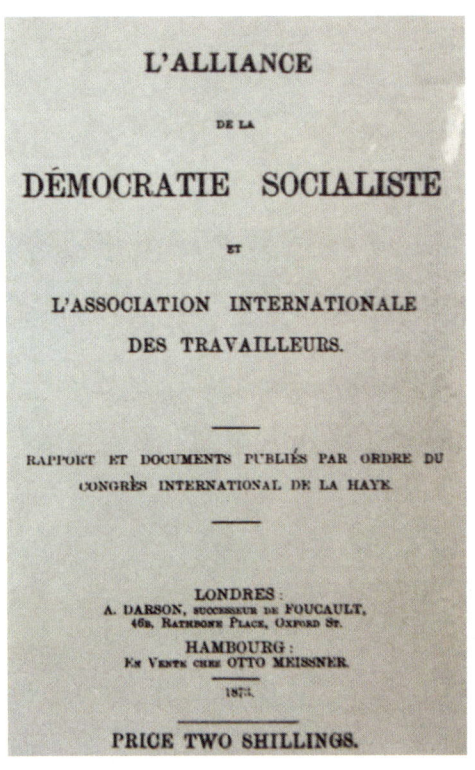

49

50

第六章

与马克思朝夕相处的
最后十年

从 19 世纪 70 年代开始，马克思和恩格斯为指导欧美国家无产阶级建立自己的政党倾注了大量心血。为了保证马克思克服疾病困扰、继续从事《资本论》的写作，恩格斯越来越多地承担了指导国际工人运动的工作。

马克思和恩格斯一直非常注意提高德国工人运动的理论水平。为给各国无产阶级政党奠定科学社会主义的理论基础，必须在工人运动中广泛宣传马克思主义。在同资产阶级思想和形形色色冒牌社会主义理论的斗争中，恩格斯发挥了卓越的作用，针对革命的一些具体问题，撰写了一系列重要理论著作。

1872—1873 年，恩格斯在德国社会民主工党（爱森纳赫派）机关报《人民国家报》发表《论住宅问题》，批判了蒲鲁东主义者和资产阶级改良主义者提出的种种"救世计划"，阐发了科学社会主义的基本原理。当爱森纳赫派同拉萨尔派（全德工人联合会）酝酿合并的时候，马克思和恩格斯提醒党的领导人必须坚持科学社会主义原则，保持党在思想上的纯洁性。1875 年 2 月两派召开了合并预备会议并拟订了纲领草案，恩格斯立即写信给倍倍尔，严厉批评了爱森纳赫派对拉萨尔派所作的无原则让步和纲领中的拉萨尔主义观点，阐述了科学社会主义的重要思想。这封信在思想上、理论上同马克思的《哥达纲领批判》完全一致，表明了马克思和恩格斯的共同立场。

1　恩格斯（摄于1877年）

2

2 19世纪70年代的马克思和恩格斯（版画）茹科夫

3 《论住宅问题》第一篇文章《蒲鲁东怎样解决住宅问题》，发表在1872年6月26日的《人民国家报》上。

4 1872年莱比锡出版的恩格斯《论住宅问题》

5 马克思1875年5月5日给威廉·白拉克的信以及《德国工人党纲领批判》的开头部分。1875年2月德国社会民主工党（爱森纳赫派）和全德工人联合会（拉萨尔派）在哥达召开合并预备会议，并拟定了纲领草案。恩格斯批判了爱森纳赫派对拉萨尔派作的无原则让步。马克思写了《德国工人党的纲领批注》即《哥达纲领批判》，系统批判了纲领草案中的拉萨尔主义观点，阐明了自己对德国工人党纲领草案的立场。

第六章 | 与马克思朝夕相处的最后十年

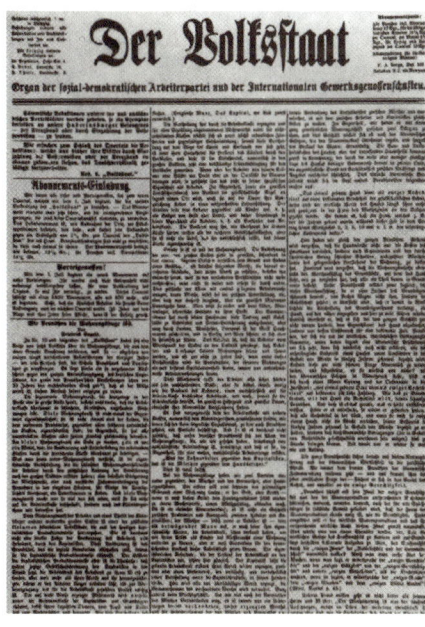

3

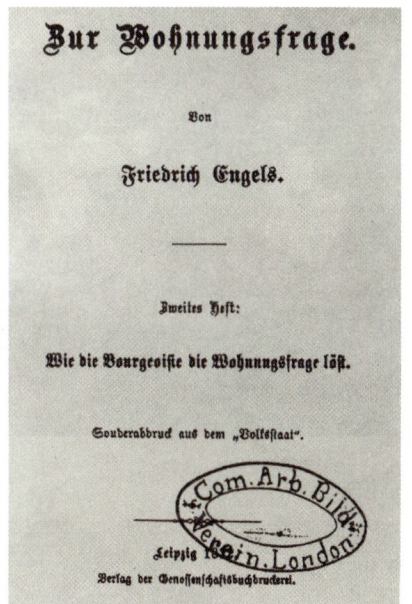

4

5

6

7

6　1875年5月22—27日德国社会民主党人合并大会在哥达蒂沃利饭店举行

7　哥达蒂沃利饭店

1876年，德国小资产阶级社会主义者欧根·杜林在哲学、政治经济学和社会主义理论领域宣扬的错误观点对德国社会主义工人党造成了严重危害。马克思和恩格斯决定予以反击。恩格斯在1876—1878年撰写了《欧根·杜林先生在科学中实行的变革》（简称《反杜林论》），彻底批判了杜林的错误观点，驳斥了他对马克思主义的歪曲和诋毁，系统地阐述了马克思主义哲学、政治经济学和科学社会主义的基本原理，被誉为"马克思主义知识的百科全书"。《反杜林论》在广大工人运动活动家中产生了巨大反响，有力地推进了马克思主义理论的传播。恩格斯把《反杜林论》的部分章节改编成《社会主义从空想到科学的发展》，马克思称它是"科学社会主义的入门"。

8

8 "啃酸果"——写作《反杜林论》(木刻)许钦松。1876年,柏林大学讲师欧根·杜林的小资产阶级社会主义观点在德国社会主义工人党内部流行起来。应德国党的要求,为驳斥杜林的冒牌社会主义,捍卫科学社会主义,恩格斯毅然中断自己的研究工作,于1876年秋至1878年4月写了科学论著《反杜林论》。

9 恩格斯《反杜林论》手稿

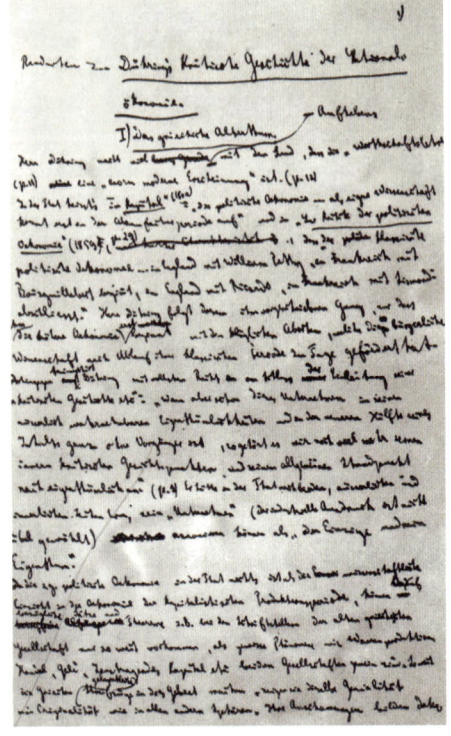

10

11

12

10　马克思《评反杜林〈国民经济学批判史〉》手稿的一页

11　1877年1月3日《前进报》发表的《反杜林论》的第一编《欧根·杜林先生在哲学中实行的变革》

12　1878年莱比锡出版的恩格斯《反杜林论》

1880年5月,马克思和恩格斯应法国工人党领导人茹·盖得和保·拉法格的请求,帮助该党起草了纲领的理论部分,给新生的法国工人党以有力的理论支持,并进一步阐发和丰富了《共产党宣言》的基本思想。

Bibliothèque de la REVUE SOCIALISTE
I.
SOCIALISME UTOPIQUE
ET
SOCIALISME SCIENTIFIQUE
PAR
FRÉDÉRIC ENGELS
Traduction française par
PAUL LAFARGUE
Prix: 50 centimes
PARIS
DERVEAUX LIBRAIRE-ÉDITEUR
32, Rue d'Angoulême, 32
1880

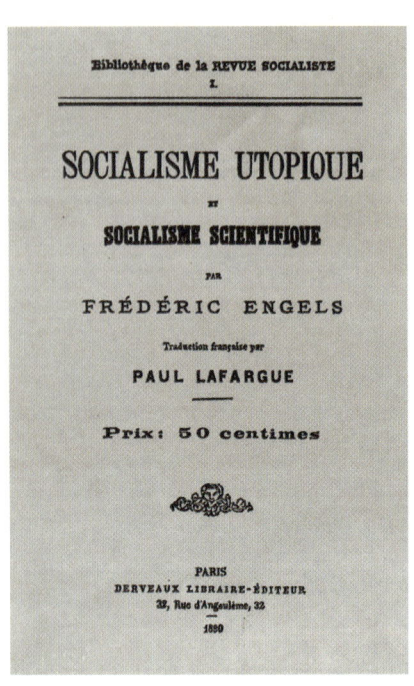

13

13 1880 年《社会主义从空想到科学的发展》法文版。1880 年，恩格斯应保尔·拉法格请求，把《反杜林论》中的三章改写成为一篇独立的通俗著作，以《空想社会主义和科学社会主义》为题发表在法国社会主义杂志《社会主义评论》上，后又以单行本的形式于同年出版。1883 年这本小册子出版了德文本，书名为《社会主义从空想到科学的发展》。

14 撰写《自然辩证法》（版画）汪晓曙。自 1873 年起，恩格斯深入研究自然界和自然科学中的辩证法的问题，拟撰写《自然辩证法》一书。他在 1873—1876 年和 1878—1883 年先后八年中，把大部分时间用来进行这方面的工作。《自然辩证法》第一次提出了人类起源于劳动的学说。

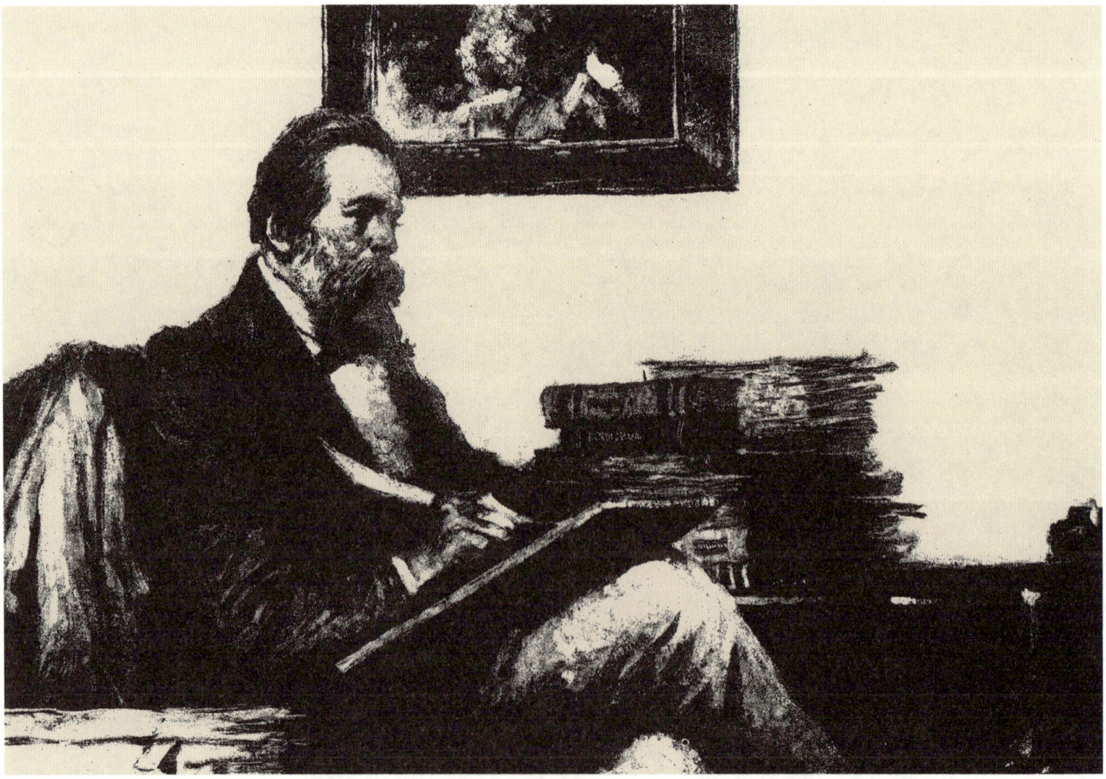

14

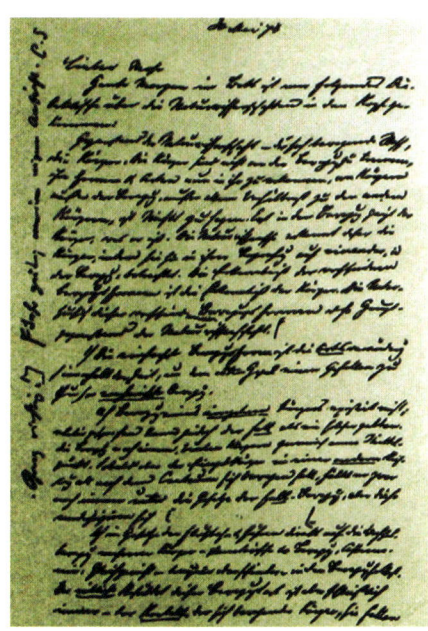

15　恩格斯1873年5月30日写给马克思的关于《自然辩证法》构思的信

16　《自然辩证法》的总计划草案。《自然辩证法》是恩格斯多年来对自然科学进行深湛研究的总结。它对19世纪中叶自然科学的最重要成就作了辩证唯物主义的概括,进一步发展了唯物主义辩证法并批判了自然科学中的形而上学和唯心主义观念。

17

17 恩格斯《自然辩证法》手稿

18 恩格斯与肖莱马在一起（**木刻**）李以泰。卡尔·肖莱马（1834—1892）是德国化学家，马克思和恩格斯经常同他一起讨论自然科学的问题。

1878年10月，俾斯麦政府为镇压日益壮大的无产阶级革命运动，颁布了《反社会党人非常法》。马克思和恩格斯针对这部法令实施后德国党内出现的错误思想倾向，一方面批判了不顾现实条件、盲目要求进攻的左倾错误，另一方面批判了要求党服从政府法令、走"合法的"改良主义道路的右倾观点。马克思和恩格斯1879年9月在写给倍倍尔、李卜克内西、白拉克等人的通告信中严厉批判了党内的改良主义主张，重申阶级斗争对现代社会变革的巨大作用。

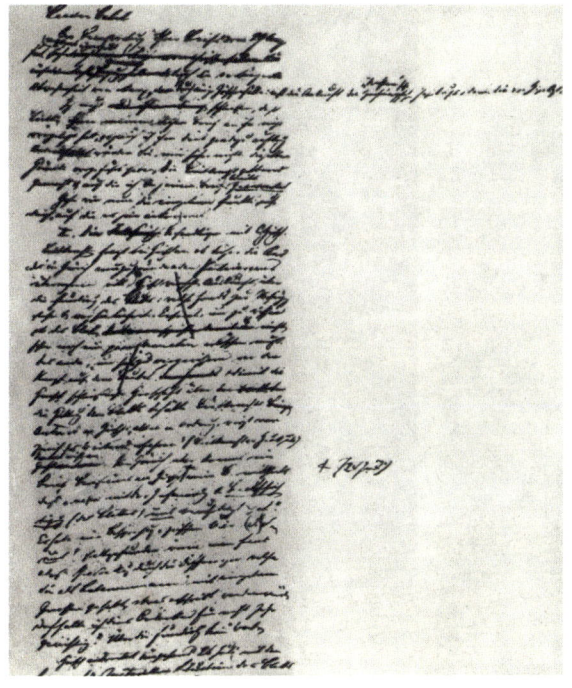
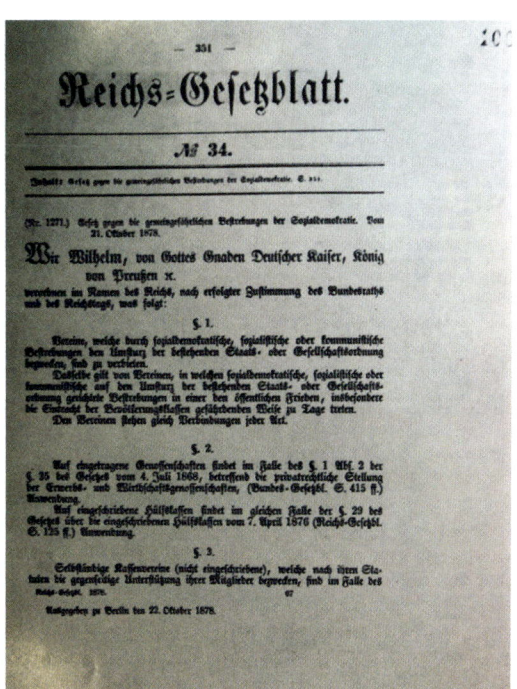

19　马克思和恩格斯1879年9月17—18日给奥·倍倍尔等人通告信的第一页。1878年10月，德国俾斯麦政府颁布《反社会党人非常法》，宣布取缔德国社会主义工人党。这时党内出现了错误的思想倾向。其中最危险的是以卡·赫希伯格、卡·奥·施拉姆、爱·伯恩施坦为代表的宣扬投降主义路线的右倾机会主义，而党的领导人又对它采取调和主义立场。为此马克思和恩格斯给德国党的领导人写了一封通告信，彻底揭露并批判了赫希伯格等人的机会主义错误，也批评了党的领导，使德国党受到了极大教育。

20　1878年10月22日《帝国法律报》上刊载的《反社会党人非常法》

21

21 口授法国工人党纲领草案（木刻）李福来。1879年10月，法国工人党成立，委托茹·盖得制定党的纲领。在保尔·拉法格的建议下，盖得于1880年5月来到伦敦，向马克思和恩格斯请教。在恩格斯家，马克思和恩格斯帮助盖得和拉法格制定了法国工人党纲领草案。草案于1880年10月14日党的哈佛尔代表大会上获得通过。这是法国工人运动中的第一个马克思主义纲领。

22 刊登在1880年6月30日《平等报》第2种专刊第24号上的《法国工人党纲领》

23 保尔·拉法格（1842—1911），法国工人运动和国际工人运动活动家，法国工人党的创始人之一。

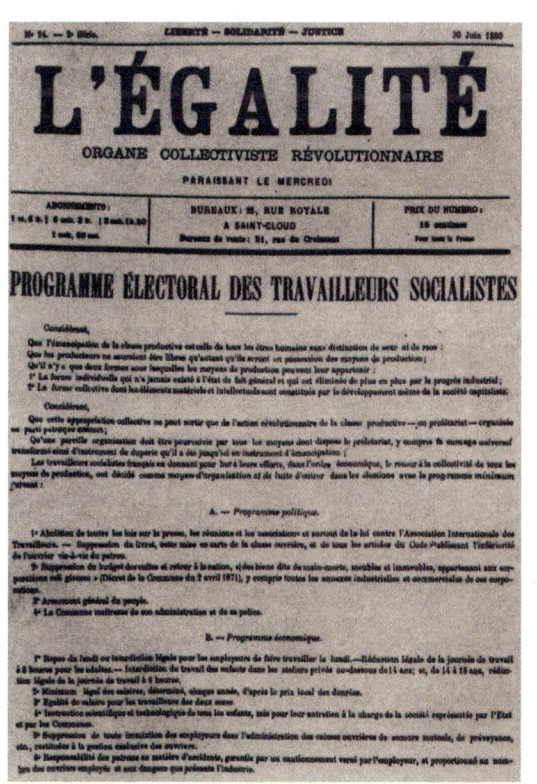

22

23

1878年9月12日，恩格斯的妻子莉希因病去世。恩格斯极度悲痛。多年以后，他在回忆莉希时深情地写道："我的妻子也是一个地地道道血统的爱尔兰无产者，她对本阶级的天赋的热爱，对我是无比珍贵的。"

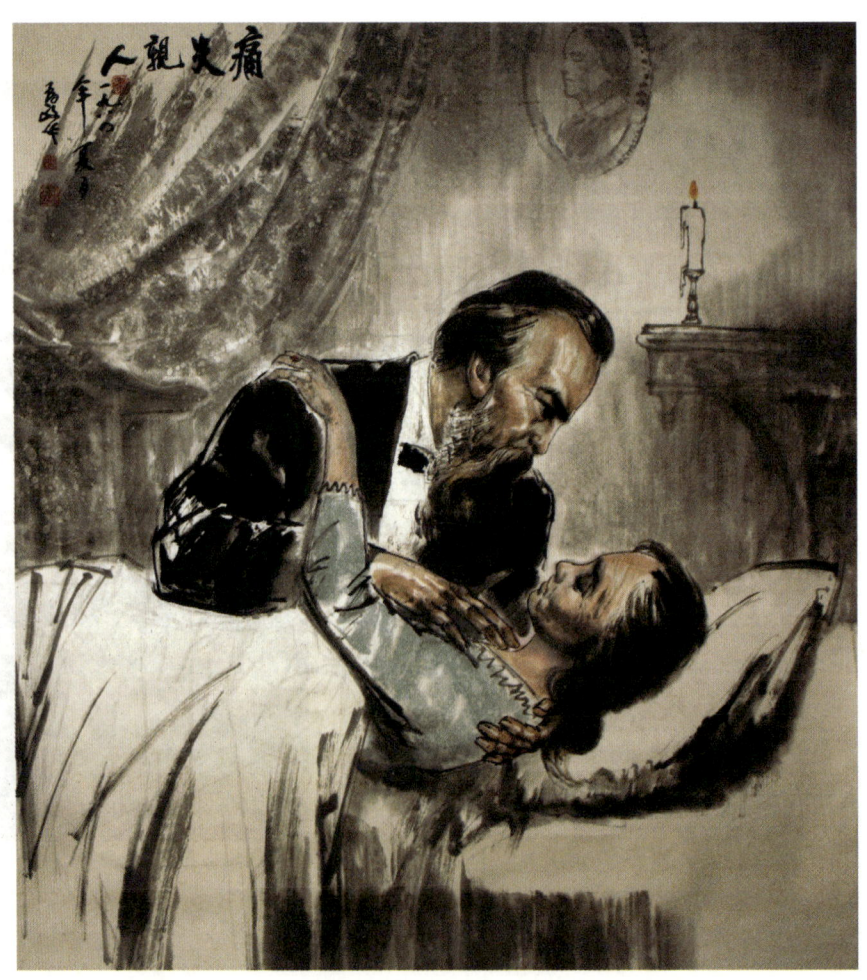

24

24 痛失亲人（中国画）王为政。1878年9月12日，恩格斯的妻子莉希因病逝世。莉希是恩格斯前妻玛丽·白恩士的妹妹，一个有觉悟的爱尔兰女工。1863年玛丽逝世后，她与恩格斯结为夫妇，是恩格斯的忠实伴侣。

25 恩格斯为妻子莉希所作的画像

26 恩格斯和莉希·白恩士的结婚登记表

25

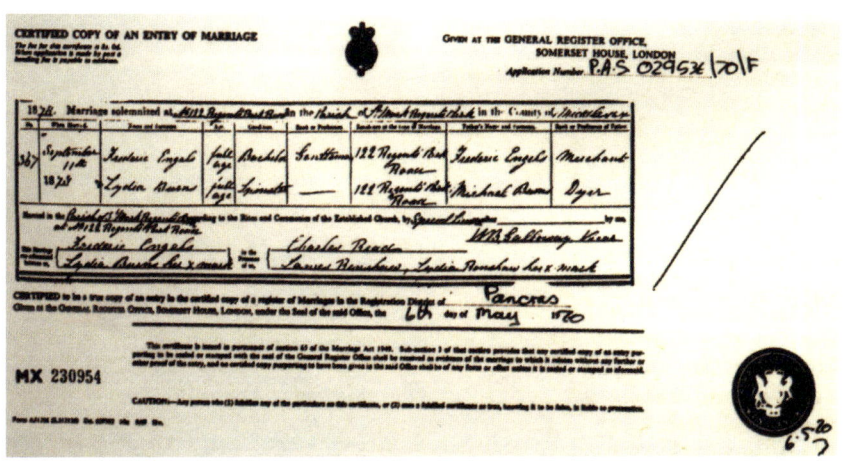

26

1883年3月14日,国际无产阶级的伟大导师马克思与世长辞。1883年3月17日,马克思简朴而庄严的葬仪在伦敦海格特公墓举行,恩格斯发表了著名的墓前讲话,高度评价了马克思作为伟大革命家和思想家的一生,同时也见证了两人伟大的友谊。

27　在马克思葬礼上（版画）汪晓曙

第七章

整理出版马克思遗著

送别马克思之后，恩格斯感到十分孤独。党内一些同志建议他移居其他地方生活，恩格斯经过慎重考虑，谢绝了同志们的好意，他决定留在伦敦，继续从事他和马克思未竟的事业。

伦敦西北区梅特兰公园路41号，马克思一家从1875年3月起一直住在这里。马克思逝世后，恩格斯继续租用了一年，房间里堆满了各种箱子、纸包、包裹和书籍。

从1883年4月中旬起，恩格斯每天都来到这里，在爱琳娜和琳蘅的协助下，用了整整一年的时间来仔细整理马克思留下的大量手稿、笔记、信札等。这样做既是为了妥善保存国际无产阶级的宝贵财富，也是为了整理出版马克思的遗著。恩格斯在1883年6月24日致劳拉的信中写道："我们都在努力以应有的方式使摩尔永世长存，这将由而且应该由发表他的遗著开始。"恩格斯所说的"遗著"，首先指的是马克思留下的《资本论》手稿。

1　恩格斯（1888年中摄于伦敦）

3

4

2　整理遗稿（素描）潘鸿海。马克思遗留下的大批手稿、笔记和摘录，都是无价的精神财富。恩格斯认为它们"贵似金玉"，他在爱琳娜的帮助下，专门用了一年的时间来整理这些遗稿。

3　马克思的小女儿爱琳娜

4　海伦（琳蔚，尼姆）·德穆特（1823—1890），马克思一家的忠实朋友，马克思逝世后，为恩格斯管理家务。

5

5　伦敦西北区梅特兰公园路 41 号，马克思一家从 1875 年 3 月到 1883 年 3 月一直住在这里。马克思逝世后，恩格斯继续租用了一年。

《资本论》是一部具有划时代意义的巨著,被誉为"工人阶级的圣经"。然而这部著作在马克思生前只出版了第一卷德文两版。病魔过早地夺去了马克思的生命,使他憾而未能实现《资本论》的全部写作计划。由恩格斯整理和出版《资本论》续卷,是马克思的心愿,他在临终前曾嘱咐幼女爱琳娜,希望恩格斯根据《资本论》未完成的手稿,"做出点什么来"。

当时,各国工人运动活动家和进步人士也十分关心《资本论》续卷的出版,他们都认为只有恩格斯才能承担这一艰巨任务。恩格斯是最了解、最熟悉《资本论》的内容、观点和整个理论体系的人。马克思在写作《资本论》的过程中,不断与他交换意见,许多复杂的理论问题和实际问题,都是同他一起讨论解决的。恩格斯具有渊博的学识,他不仅在政治经济学方面有深厚的学术修养,而且通晓多国语言,具有广博的专门知识。另外,燕妮去世后,恩格斯是当时世界上唯一能够辨认马克思手稿的人。

恩格斯决定把加工整理《资本论》第二、三卷作为自己最重要的任务。《资本论》手稿篇幅庞大、头绪纷繁,许多章节尚未形成连贯、完整的文字表述。要把这些未完成的手稿编辑整理成完整系统的著作,是一项极其艰巨的工作。恩格斯放下自己手头的研究工作,义无反顾地挑起了这副重担。他说:"我喜欢这种劳动,因为我又和我的老朋友在一起了。"

恩格斯在整理出版《资本论》第二卷时,确定了这样的原则:"使本书既成为一部连贯的、尽可能完整的著作,又成为一部只是作者的而不是编者的著作"。这并不是件容易的事情,马克思留下的文稿很多,但多半带有片断性质,因此首先要誊清文稿,再根据内容重新安排结构,修改补充正文,还要进行加工、润色,同时又要保持作者的原意和风格。

繁重的工作很快把恩格斯累垮了,他旧病复发,不得不卧床休息。为了不影响工作进度,他请流亡伦敦的德国社会民主党人奥斯卡·艾森加尔滕做他的助手,从每天上午10点到下午5点工作,每周领取两个英镑的报酬,主要任务是负责记录恩格斯的口授内容,并把它誊清。誊清后的稿子再由恩格斯在晚上通读一遍,校改一些错误,这样就使原稿变成了清楚易读的编辑稿。恩格斯经常通宵达旦地工作,经过一年多的辛劳,《资本论》第二卷终于在1885年7月正式出版。恩格斯特意在5月5日马克思生日这一天,为该书撰写了序言,表达了对亡友的怀念之情。

第二卷整理好后,恩格斯紧接着又开始第三卷的编辑整理工作。在马克思生前,恩格斯虽然经常与马克思讨论《资本论》,但他并没有看过第三卷的手稿,也不了解这一卷完成的程度。当倍倍尔不无惊奇地问恩格斯为什么连他也不知道《资本论》续卷的完成程度时,恩格斯回答道:"很简单,要是我知道的话,就会使他日夜不得安生,直到此书写成并印出来为止。"

恩格斯以极大的热情投入第三卷的整理工作中,倾注了全部心血和精力。起初恩格斯乐观地估计,整理第三卷只有技术性的困难,不需要花费过多时间,只需要几个月或一年就够了。然而困难要比想像中大得多。第三卷除了一个最早的并不完全的手稿外,就几乎没有别的什么可以利用。恩格斯为把第三卷编成以手稿为依据，又有条理和尽可能完善的著作，认真研究了全部手稿，在忠于原文的基础上鉴于手稿性质而做了必要的改动、删节和补写。恩格斯按照正文的理论内容和叙述问题的逻辑顺序，修改了一些篇的标题，调整了一些章节的次序，补写了一些马克思未作展开的内容，还写了60多处附注、插入语和编者注，除了对正文的说明以及使叙述更加完整、连贯以外，还简要地分析了资本主义经济发展出现的新变化和新问题。

恩格斯把整理工作严格限制在最必要的范围内，凡是意义明白的地方都保留初稿的风格，个别重复的地方也没有划去，需要补写的地方，则尽可能限于整理现有的材料，只做一些必不可少的补充。恩格斯一再强调，"像马克思这样的人，他的每一个字都贵似金玉。"而恩格斯在整理的过程中发现，第三卷是他所读过的著作中最惊人最伟大的著作，恩格斯由衷地说："一个人有了这么巨大的发现，实行了这么完全和彻底的科学革命，竟会把它们在自己身边搁置二十年之久，这几乎是不可想象的。"

疾病的折磨、其他工作的压力和整理工作本身的难度使得第三卷的整理时间远不止一年。恩格斯殚精竭虑，经过近十年的辛劳才完成这一卷的编辑工作。脱稿后，他才真正卸下了重担，以喜悦的心情告诉老友们，他终于完成了这一光荣而艰巨的任务。《资本论》第三卷于1894年底出版，恩格斯用自己的生命实现了亡友的嘱托。

恩格斯整理和出版《资本论》第二、三卷，是对无产阶级的伟大贡献。正如列宁所说："整理这两卷《资本论》，是一件很费力的工作。奥地利社会民主党人阿德勒说得很对：恩格斯出版《资本论》第2卷和第3卷，就是替他的天才朋友建立了一座庄严宏伟的纪念碑，无意中也把自己的名字不可磨灭地铭刻在上面了。的确，这两卷《资本论》是马克思和恩格斯两人的著作。"

恩格斯没有来得及亲自整理《资本论》第四卷。但是他对第四卷做了一系列富有预见性的安排。恩格斯打算把阐述剩余价值理论部分的手稿，除了在第二卷和第三卷已经包括的部分外，保留下来单独作为《资本论》第四卷出版。

1889年初，征得爱琳娜的同意，恩格斯开始指导伯恩施坦和考茨基学习辨认马克思的笔迹，并着手整理第四卷手稿。这是一项高瞻远瞩的举措，正是这项举措保证了第四卷最终得以出版。要不然，马克思那"天书"般的手稿将随着恩格斯逝世而成为无人能够解读的历史档案。考茨基于1905—1910年以《剩余价值学说史》的书名整理出版了马克思的《资本论》第四卷——《剩余价值理论》。

在整理《资本论》第三卷期间，恩格斯根据马克思的遗稿，经过详细校订和审定，组织翻译出版了《资本论》第一卷英文版。此外，恩格斯还校订出版了《资本论》德文第三、四版，为《资本论》的传播作出了重大贡献。

6　口授《资本论》（中国画）姚有多

7 《资本论》第三卷手稿
8 恩格斯（素描）茹科夫

第七章 | 整理出版马克思遗著

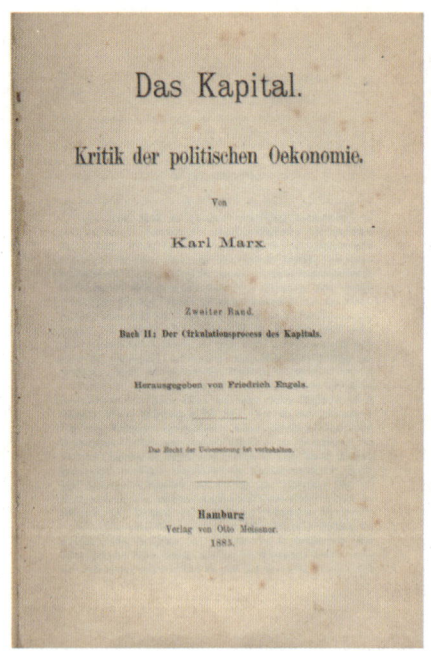
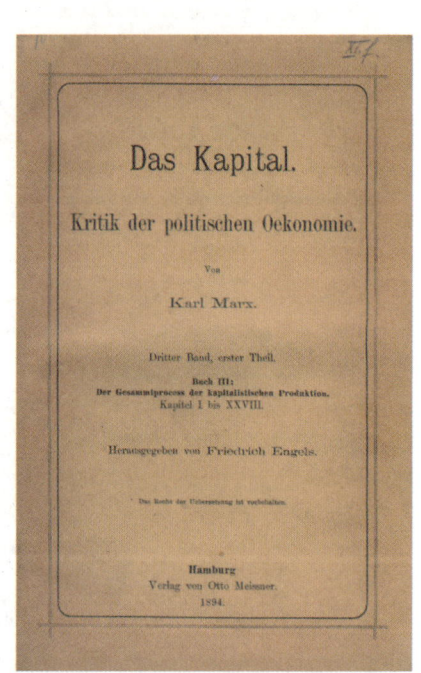

9　《资本论》第二卷德文第一版扉页

10　《资本论》第三卷德文第一版封面

恩格斯在整理马克思的遗稿时，还发现了马克思晚年对美国学者摩尔根的《古代社会》一书所作的详细摘录和批评，恩格斯确信，马克思本打算运用历史唯物主义来阐明摩尔根的研究成果，但没有来得及完成。1884年3—5月，恩格斯利用这些材料撰写了《家庭、私有制和国家的起源》一书，对摩尔根的研究成果作了历史唯物主义的分析和阐发，这部著作在某种意义上实现了马克思的遗愿。

11

11　撰写《家庭、私有制和国家的起源》(木刻) 张怀江

12 《家庭、私有制和国家的起源》第一版的封面

13 《哲学的贫困》德文版扉页,恩格斯为它写了一篇序言。

14 恩格斯亲自校订的《资本论》第一卷英文版(1887年)扉页

15 1891年出版的《法兰西内战》扉页

16 1895年恩格斯重新出版了马克思的《1848年至1850年的法兰西阶级斗争》,并写了序言。这是该书扉页,上面有恩格斯给格·瓦·普列汉诺夫的亲笔题词。

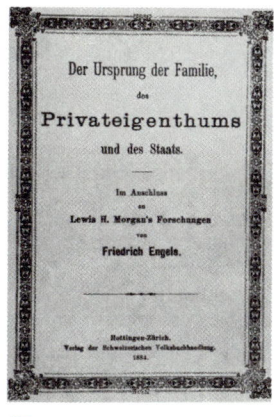
12

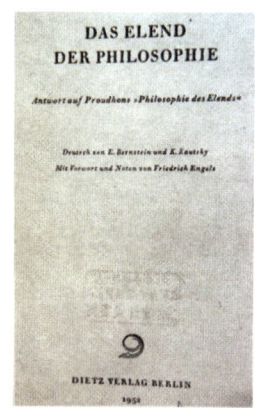
13

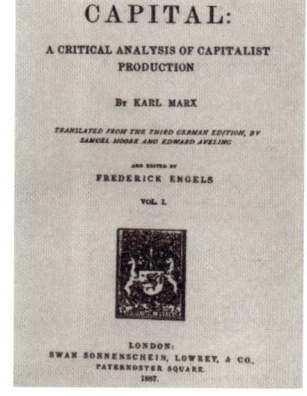
14

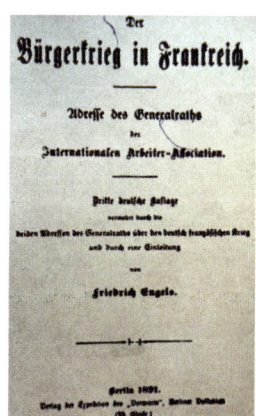
15

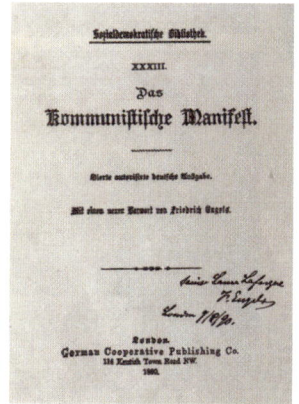
16

第八章

世界无产阶级的伟大导师

19世纪80年代,欧美各国纷纷建立社会主义政党和群众组织,马克思主义在各国工人中广泛传播,国际工人运动出现了新的高潮。马克思逝世后,恩格斯独自挑起了指导国际工人运动的重任,他满腔热忱地关心、殚精竭虑地指导各国工人运动,根据新的历史条件制定无产阶级的斗争策略。他的日常工作非常繁忙,每天要阅读7份日报:3份德国报纸、2份英国报纸、1份意大利报纸和1份奥地利报纸;要读的周报更多:德国2份,奥地利7份,美国3份,意大利2份,法国、波兰、保加利亚、西班牙和捷克各1份。除此之外,还有各种各样的来访者,越来越多的记者。在马克思逝世后,恩格斯承担了与各国工人运动的全部联络工作。

尽管恩格斯晚年没有直接领导或参加任何一个国家或国际的组织,但几乎所有工人组织"都从年老的恩格斯的丰富的知识和经验的宝库中得到教益",他成为国际工人运动有求必应的顾问。瑞琴特公园路122号恩格斯的家成为朋友们聚首的场所,用爱德华·艾威林的说法,这里成了各国社会主义者自己的"麦加城"。

当国际工人协会实际停止活动的时候,恩格斯就高瞻远瞩地预见到随着马克思主义在工人运动中的胜利,必将出现比国际工人协会有更高要求的无产阶级新的国际联合形式。早在1875年他就指出:"我相信,下一个国际——在马克思的著作产生了多年的影响以后——将是纯粹共产主义的国际,而且将直截了当地树立起我们的原则。"这种新的联合,是在1889年实现的。

1 恩格斯（1888年摄于英国），背景为恩格斯题词

2 星期日聚会（版画）汪晓曙。恩格斯对同志有火一般的热情。他把马克思的小女儿爱琳娜和她丈夫当做自己的孩子。每当星期日或节日，他们便到恩格斯家中作客。此外，各国的社会主义者和革命活动家以及一些有学识的人物，也来到恩格斯的家里，无拘无束，畅所欲言。

2

3

4

3 德国社会民主党的理论刊物《新时代》。在恩格斯的指导和帮助下,德国的工人运动蓬勃发展,德国社会民主党日益壮大,成为"在欧洲居于领导地位的工人政党"。恩格斯在德国社会民主党的报刊上发表不少文章,指导德国的工人运动。

4 《社会民主党人报》。该报是德国社会民主党的中央机关报。1879年9月至1888年9月在苏黎世出版,1888年10月至1890年9月在伦敦出版。

5 恩格斯支持、关心法国工人阶级的政党建设和革命斗争，在理论上和策略上给予法国工人党指导。这是1889年5月27日恩格斯写给拉法格的信的第1页，信中充分肯定了法国工人党开展斗争的策略。

6 1889年11月20日恩格斯写给盖得的信第2页，信中论述了法国工人运动与英国工人运动相互支持发展的重要性。

7 劳拉·马克思是马克思的二女儿，保尔·拉法格的妻子，法国工人运动活动家。

第八章 | 世界无产阶级的伟大导师

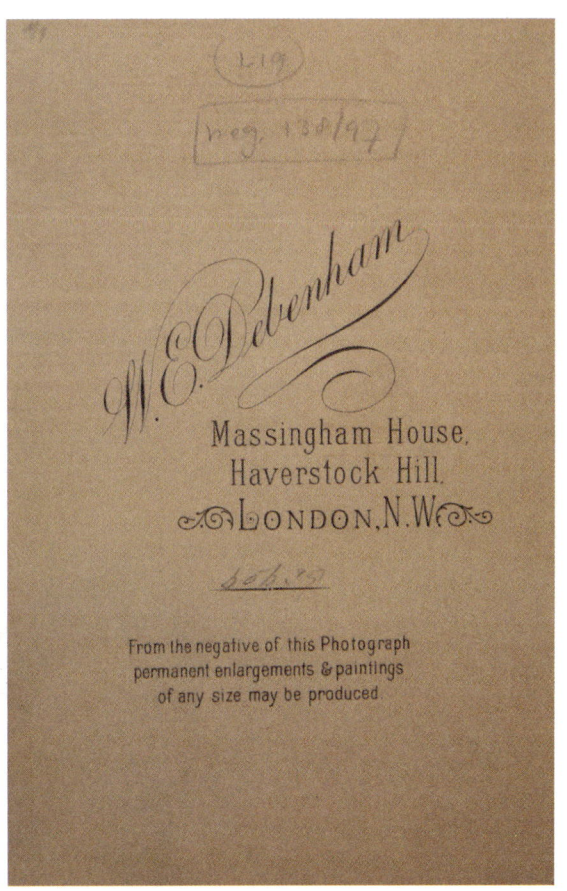

8　恩格斯（1891年摄于伦敦）

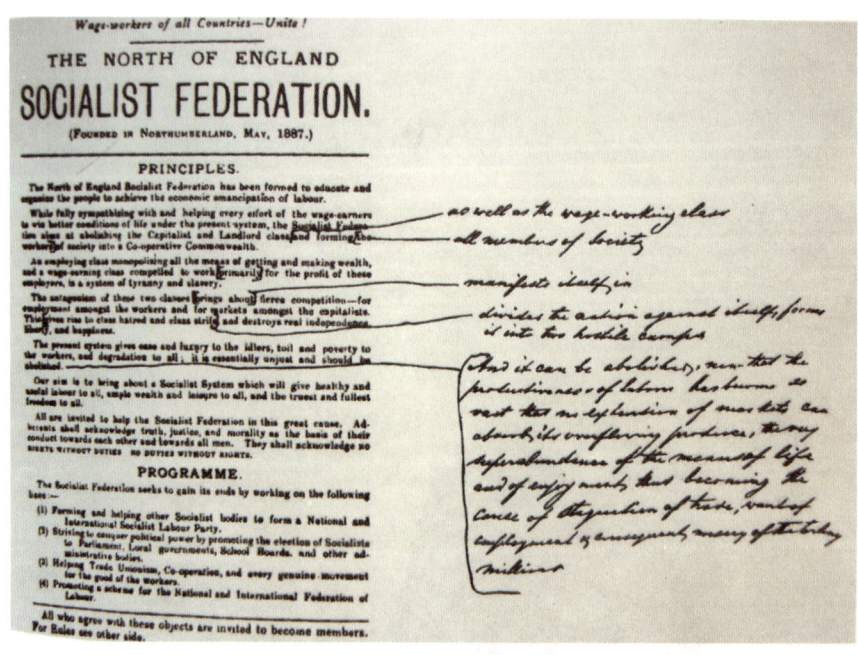

9

10

11

9 恩格斯非常重视英国工人运动，同英国工人运动活动家保持密切联系，指导他们开展革命活动。这是1887年由恩格斯修正过的"英国北方社会主义联盟纲领"。

10 马克思的小女儿爱琳娜

11 马克思的小女儿爱琳娜在恩格斯指导下，积极参加英国工人的斗争和各项活动。这是1886年爱琳娜和威廉·李卜克内西在一起。

12　1889年，伦敦码头工人罢工期间，工人们的妻子也积极参与斗争。

13　1889年8月31日恩格斯发表在《工人选民》上的一篇关于伦敦码头工人罢工的文章

14 恩格斯（摄于1891年）

15 美国芝加哥罢工工人与警察对峙的场景。1886年5月1日，芝加哥的20多万工人为争取实行八小时工作制而举行大罢工。5月3日，警方向工人开枪，导致一人死亡、多人受伤。5月4日，美国工人在芝加哥草集广场（Haymarket Square）集会抗议。随后，工会领导者横遭迫害，受打击最重的是作为当时工运的主要领导的无政府主义者和左翼社会主义者。为纪念这次工人运动，1889年7月14日，由各国马克思主义者召集的社会主义者代表大会在法国巴黎隆重开幕。大会上，与会代表一致同意：把5月1日定为国际无产阶级的共同节日。这一决议得到世界各国工人的积极响应。

15

恩格斯曾亲自去美洲大陆参观考察。1888年8月8日，恩格斯在好友肖莱马等人的陪伴下，乘坐"柏林号"轮船从英国利物浦港启程，开始了横渡大西洋的美国和加拿大之行。恩格斯在纽约会见了老战友左尔格和英国工人运动活动家哈尼的夫人等友人，参观了纽约、波士顿、康克德等城市，游览了尼亚加拉大瀑布，乘船沿安大略湖驶往劳伦斯河，顺流而下到达加拿大蒙特利尔，然后回到美国的普拉茨堡。他一路观赏和考察了"新大陆"的风土人情。9月19日，恩格斯一行乘坐当时最大的远洋客轮"纽约号"离开美国，29日返回伦敦。

这次七个星期的旅行让恩格斯十分放松，新大陆的风土人情和经济发展，给恩格斯留下了深刻的印象。他认为如果一个新兴国家要迅速发展，就非常需要美国人那种狂热的事业心。他对年轻的经济学家施米特说："我对美国很感兴趣；这个国家的历史并不比商品生产的历史更悠久，它是资本主义生产的乐土，应该亲眼去实际看一看。"

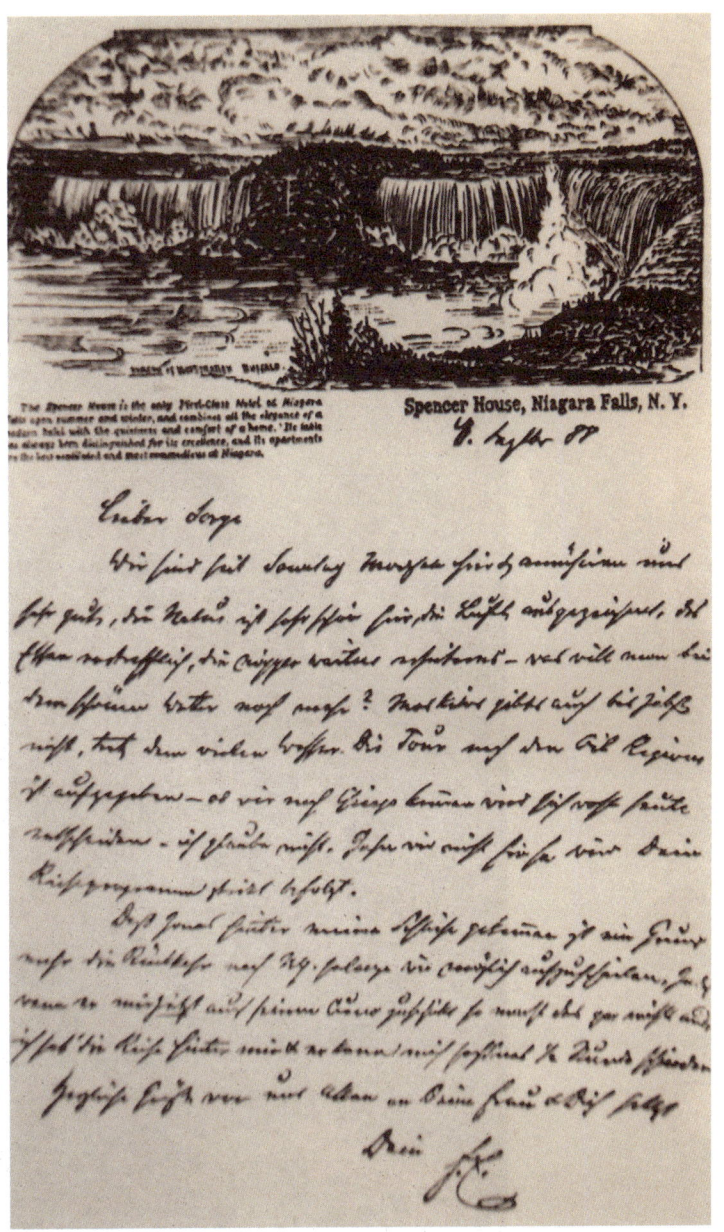

16 1888年9月4日恩格斯从尼亚加拉写给弗里德里希·阿道夫·左尔格的信。信纸上边印有尼亚加拉瀑布的全景。

17 恩格斯访问美国（油画）高莽

第八章 | 世界无产阶级的伟大导师　　253

在恩格斯的推动和指导下，国际工人代表大会于1889年7月14—20日在巴黎市贝德尔大厅举行。会议厅里悬挂着"全世界无产者，联合起来！"和"剥夺资本家阶级的政治权利和经济权利，生产资料社会化！"这样的标语。来自22个国家和地区的393名代表出席了这次大会，大会具有广泛的代表性和国际性。大会交流了各国工人运动的经验，通过了一系列反映无产阶级要求的决议。其中，为支持1886年5月1日美国工人争取实行八小时工作制的斗争，加强各国无产阶级的团结，大会决定从1890年起，每年5月1日以"大规模的国际示威游行"的方式，争取实行八小时工作制和劳动保护法。从此，5月1日成为国际无产阶级的节日。

这次巴黎代表大会并没有在形式上通过关于成立一个新的国际联合的决议，恩格斯对此表示完全赞同。这次会议实际上标志着一个新的国际即第二国际的产生。把千百万劳动者组织起来为争取工人阶级在政治上和社会上的解放而斗争，是新的国际的重要任务。而即将到来的五一节游行就具有划时代的意义，恩格斯认为这"不单单是因为它具有使之成为战斗工人阶级第一次国际行动的普遍性质。它还使我们能够证实各个国家里的运动所取得的最令人欢欣鼓舞的成就。"

18　第二国际成立大会（版画）汪晓曙

Der Sozialdemokrat, 1890年3月8日。

19 《社会民主党人报》关于1889年国际社会主义工人代表大会开幕的报道

20 1889年第二国际巴黎代表大会决定,每年5月1日举行大规模的示威游行。从此,这一天就成为国际无产阶级的节日——五一国际劳动节。恩格斯在1889年5月11日《社会民主党人报》上发表文章,呼吁欧美工人与社会主义者支持巴黎代表大会。

1890年5月4日星期日，多雾的伦敦天气格外晴朗。伦敦海德公园内，工人们演奏着乐曲，呼喊着口号，挥舞着红旗，从伦敦各条街头游行而来，云集在这里举行庆祝大会。公园里设了七个讲坛。恩格斯在拉法格、艾威林和爱琳娜等人的陪同下，兴致勃勃地来到海德公园。他拄着手杖，精神抖擞、健步登上第四号讲坛。

在写给奥古斯特·倍倍尔的信中，恩格斯兴奋地描述道："这里5月4日的示威真是规模宏大，甚至所有资产阶级报纸也不得不承认这一点。我是在第四号讲坛（一辆大货车）上面，环顾四周只能看到整个人群的五分之一或八分之一，但是在目力所及范围内，只见万头攒动，人山人海。有二十五万至三十万人，其中四分之三以上是参加示威的工人。艾威林、拉法格和斯捷普尼亚克都在我的那个讲坛上发表了演说，而我纯粹是一个观众。"

在奥地利、德国、法国及其他国家里，无产阶级的五一节庆祝活动也进行得像在英国一样成功。恩格斯已届七旬高龄，在有限的光阴里，他以一个革命战士的身份积极支持并亲自参加伦敦每年"五一"节的游行活动。

21　检阅无产阶级的战斗力量——1890年5月4日恩格斯参加伦敦第一次举行的
　　五一节示威活动（水粉画）杨克山

1893年，73岁的恩格斯第四次参加了海德公园的五一节集会，这是这位老人最后一次参加国际劳动节庆祝活动。节日前夕，恩格斯分别给德国、奥地利、捷克、法国和西班牙的工人写信，向他们致以节日的敬礼。他在给西班牙工人的信中，满怀豪情地说："5月1日标志着一个清楚而明显的形势——出现了两个截然不同和彼此对立的阵营：一边是在普遍解放的红旗下走向胜利的国际无产阶级，而另一边是维护自己的剥削特权而联合起来的各国有产阶级和反动阶级。斗争已经开始，红旗已经展开，胜利已有保障。前进！"

22　恩格斯在1891年5月3日伦敦海德公园举行示威游行集会时上讲台的记者证

23　1892年伦敦海德公园举行五一游行活动，恩格斯参加了此次活动。

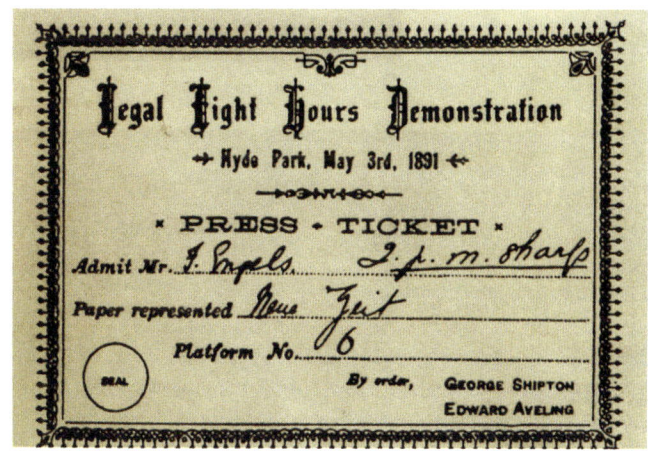

22

23

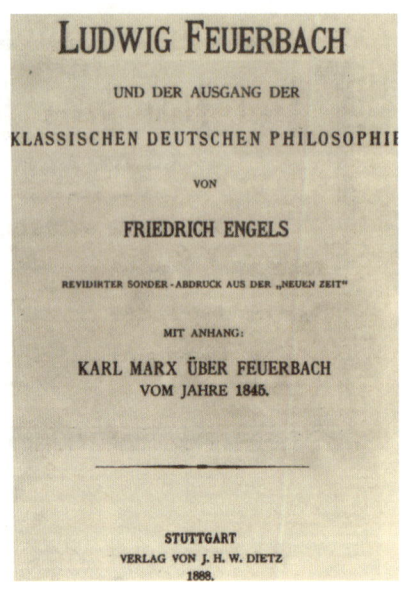

24

25

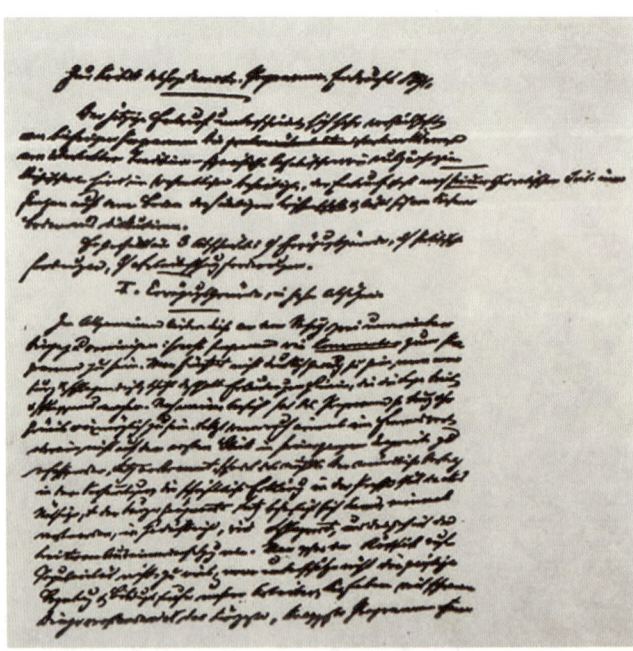

26

24　1888年出版的《路德维希·费尔巴哈和德国古典哲学的终结》一书的封面

25　1894年11月恩格斯写的《法德农民问题》发表在《新时代》上

26　恩格斯《1891年社会民主党纲领草案批判》手稿的开头部分

27 1892年出版的《英国工人阶级状况》英文版，恩格斯撰写了新的序言。

28 1894年出版的《国际论文集（1871—1875年）》

29 1894年出版的《弗里德里希·恩格斯论俄国》

30 1895年出版的《法兰西内战》德文版，上面有恩格斯签名。

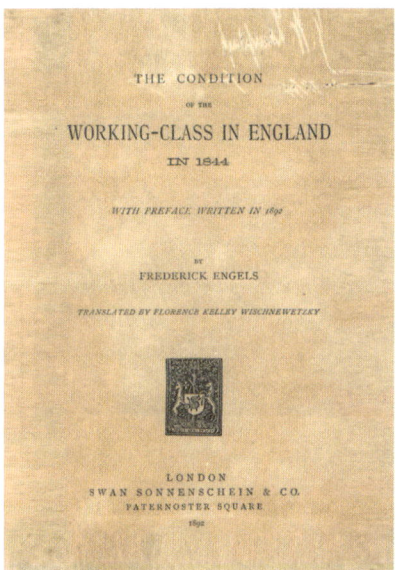

27

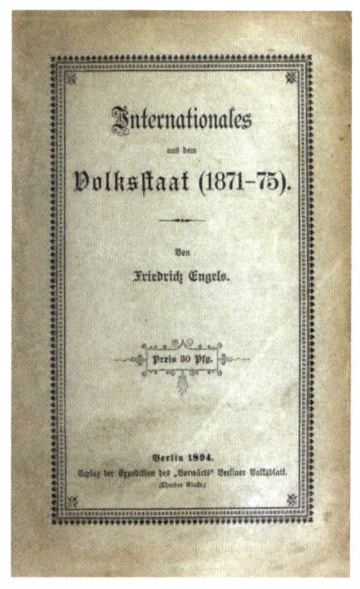

28

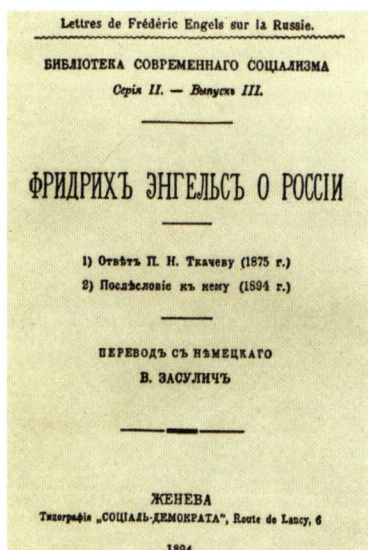

29

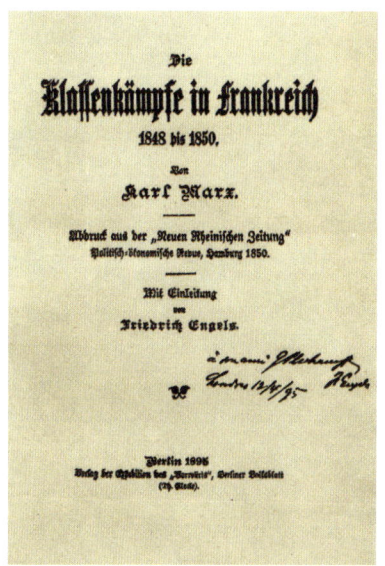

30

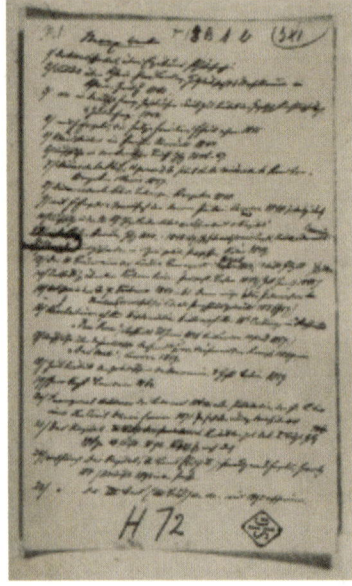 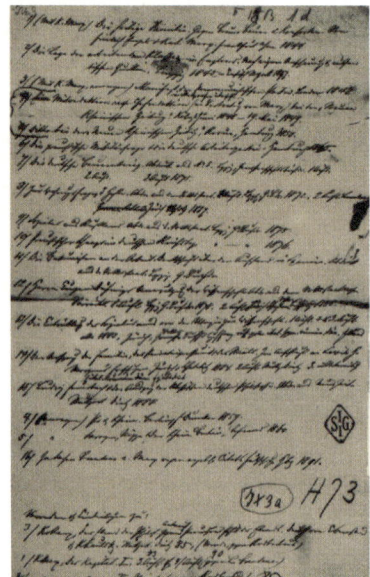 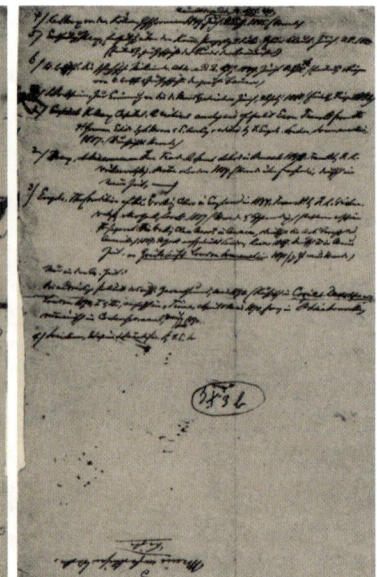

31　1892年恩格斯写的马克思著作清单

32　1889—1892年恩格斯写的他自己的著作、序言和导言的清单

在胜利前进的各国工人政党中，恩格斯特别关心德国社会民主党的活动。德国社会民主党是第一个在民族国家范围内建立的工人政党，对欧美工人运动有着重大的影响。在普法战争和巴黎公社之后，"战争使欧洲工人运动的重心由法国转移到了德国，从而德国工人肩负起新的责任和更崇高的义务，要求他们作出新的努力"。

在俾斯麦政府加紧镇压工人运动的形势下，恩格斯引导德国社会民主党坚持正确的斗争方向和斗争策略，采取各种形式推动工人运动不断高涨，迫使政府废除了《反社会党人非常法》。1890年2月20日，德国社会民主党在国会选举中获得了压倒多数的胜利，恩格斯认为这个成绩是"俾斯麦时代将要结束的第一个迹象"。1890年10月1日，德国社会民主党在议会选举中获得巨大胜利。恩格斯把这一胜利视为具有国际意义的一项成就，从而使德国社会民主党"真正成了欧洲起决定作用的党"。

这对于恩格斯来说，是最好的生日礼物。1890年11月28日是恩格斯七十寿辰，这一天，大量的电报、信件、礼物如雪片般从柏林、维也纳、巴黎、伯尔尼、波洪、伦敦、汉堡、莱比锡和斯图加特等地飞来。发来贺信贺电的有1848—1849年革命战斗的老战友，国际工人协会的老战士，亲密的朋友和不相识的景仰者，鲁尔矿工和世界著名的学者，俄国革命流亡者和美国社会主义者。

恩格斯得知各地党组织和友人要为他庆祝寿辰，便婉言谢绝。后来在倍倍尔等人一再要求下，他才勉强同意他们少数几个人来伦敦，在自己家中举行私人聚会。他自我安慰说："一个人只能庆祝一次七十寿辰"。

当天是星期五，瑞琴特公园路122号高朋满座，客人频频举杯，开怀畅饮，恩格斯也兴致勃勃，他手持香槟酒，唱起青年时代唱过的古老的大学生歌曲，还用俄语背诵了一大段普希金的长诗《叶甫盖尼·奥涅金》。后来他向劳拉·拉法格描述了生日当天的盛况，"我真是应接不暇！晚间一大群人都在这里，随后又光临了小奥斯渥特和工人协会的四个代表（其中一个喝得酩酊大醉）。我们一直到清晨三点半才散，除红葡萄酒外，还喝了十六瓶香槟酒……你可以看出我尽力向人表示自己还是那样生气勃勃。"的确，大家都看不出他已经年届古稀。他身躯高大挺直，动作灵活，胡须稍微灰白，头上没有一根白发。

生日过后，恩格斯写了一封公开信，感谢那些从世界各地向他祝贺七十岁生日的朋友们。在信的末尾，他写道："我只是有幸来收获一位比我伟大的人——卡尔·马克思播种的光荣和荣誉。因此,我只有庄严地许约,要以自己的余生积极地为无产阶级服务,但愿今后尽可能不辜负给予我的荣誉。"

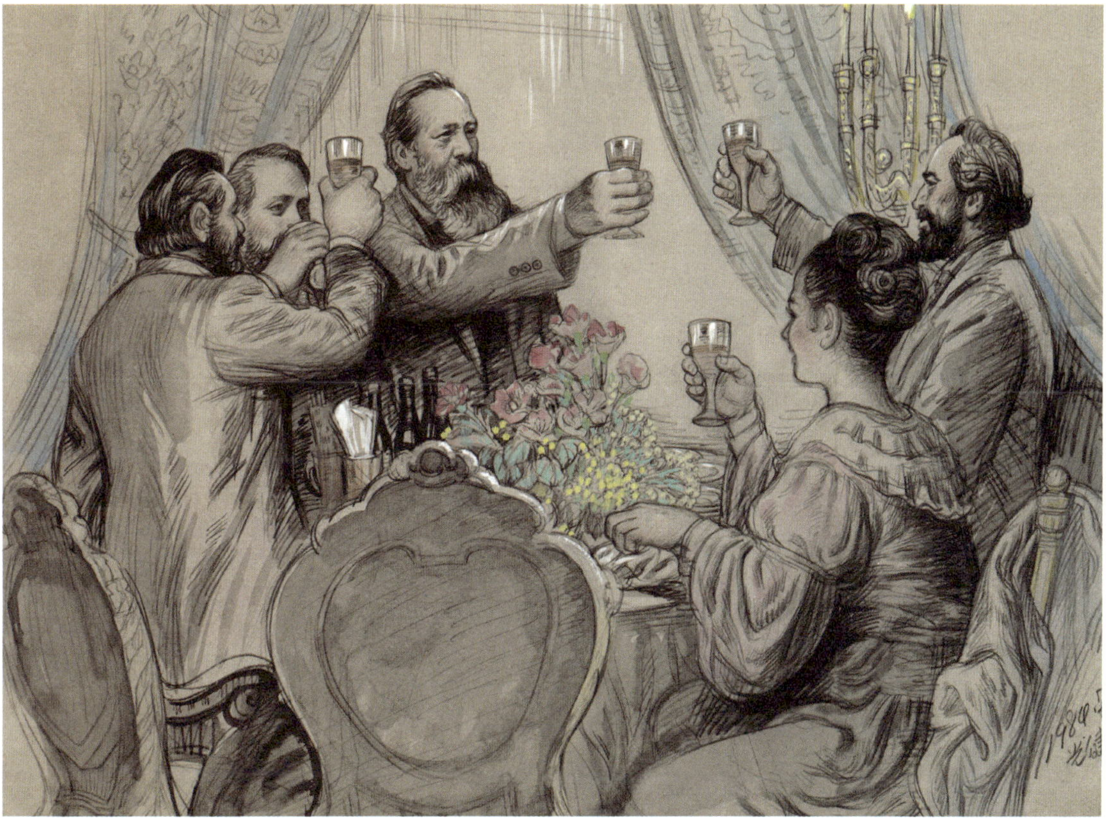

33

34

33 祝寿（中国画）陈光健

34 1891 年亨利希·肖伊作的恩格斯版画像，肖像下方摘引了恩格斯的话：“德国社会主义者以我们不仅继承了圣西门、傅立叶和欧文，而且继承了康德、费希特和黑格尔而感到骄傲。德国的工人运动是德国古典哲学的继承者。”

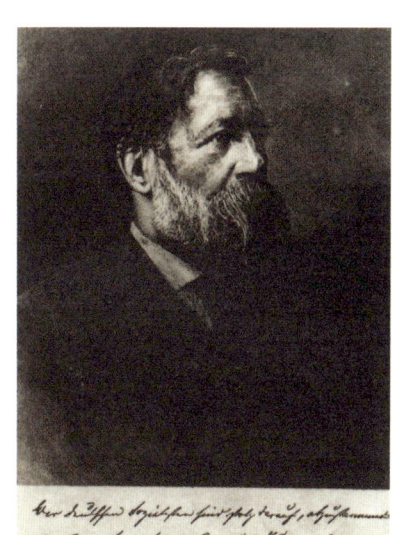

各国工人运动最优秀的人物都充分信任他,恩格斯也不负众望,在他的指导下,19世纪80—90年代,欧洲工人运动沿着马克思主义指引的方向蓬勃发展,年轻一代工人运动活动家迅速成长。

恩格斯在理论上和策略上指导法国工人党,在法国工人党反对党内机会主义派别可能派的斗争中,恩格斯坚决支持茹·盖得和保·拉法格等人,使法国工人党发展壮大,成为法国工人运动的中流砥柱。

恩格斯十分关心英国工人运动,同英国工人运动活动家保持密切联系。得到恩格斯帮助最多的是马克思的小女儿爱琳娜,她在恩格斯的直接指导下积极参加英国工人的斗争和各种活动。

恩格斯还像关心西欧工人运动一样,对中欧、东南欧和东欧的工人运动十分关心。意大利、西班牙、奥地利、保加利亚、波兰、捷克等国家的工人运动活动家都向恩格斯请教,得到他成熟而中肯的指示。

恩格斯还寄希望于俄国革命,他同俄国革命家和社会主义者经常接触并保持通信联系,一方面支持他们的革命斗争,一方面引导他们把马克思的科学理论同俄国实际相结合。

恩格斯不仅关心欧洲工人运动,他的视野还越过大西洋,扩展到资本主义正在蓬勃发展的新大陆,关心处在萌芽状态的北美工人运动。他在1882年预言,到了19世纪末,美国会成为最富有和最强大的国家。十年以后,他又预计美国大有可能不单在工业品方面,而且在农产品方面,把英国等先进工业国统统赶出世界市场。这些预测已为美国历史发展所证实。

19世纪90年代，恩格斯继续关心第二国际的活动。19世纪末，机会主义思潮不仅在德国社会民主党内泛滥，而且在西欧各国广为流行。恩格斯在这个时期的许多书信和文章中，都深刻揭露了机会主义的根源。无论来自右的方面还是左的方面的机会主义，其思想和观点根本上都是资产阶级的。马克思主义同机会主义的斗争，是一场生死的斗争，只有战胜机会主义，工人阶级政党才能更加团结、更加坚强、更有力量。

1891年1月，恩格斯为了反击德国社会民主党内以福尔马尔为代表的右倾机会主义的进攻，帮助德国党制定一个正确的纲领，他以巨大的政治勇气毅然决定公开发表马克思在16年前写的《哥达纲领批判》，并亲自撰写了序言，有力地引导了工人阶级政党肃清机会主义影响，坚持马克思主义原则。

同年6月，恩格斯针对德国社会民主党拟提交爱尔福特党代表大会讨论的新纲领草案，撰写了《1891年社会民主党纲领草案批判》，批判了当时德国党内出现的所谓"现代社会正在和平长入社会主义"的机会主义观点，阐明了工人阶级政党的策略原则和斗争方向。

恩格斯并不绝对排除革命和平发展的可能性，他认为普选权是工人政党可以利用的一种武器，可以为各国社会主义政党合法活动创造有利条件，同时他又反复告诫无产阶级，决不应该为了利用普选权而放弃自己的革命权利。如果统治阶级用反革命暴力对付工人阶级，那么，社会民主党就必须坚决"从议会斗争的舞台转到革命的舞台。"

35 1890年邀请恩格斯参加匈牙利社会民主党代表大会的请柬。19世纪90年代，欧洲各国工人党纷纷邀请恩格斯参加他们的代表大会，表示对他的尊敬和爱戴，希望得到他的宝贵建议和指导。

36 1892年邀请恩格斯参加奥地利党代表大会的请柬

35

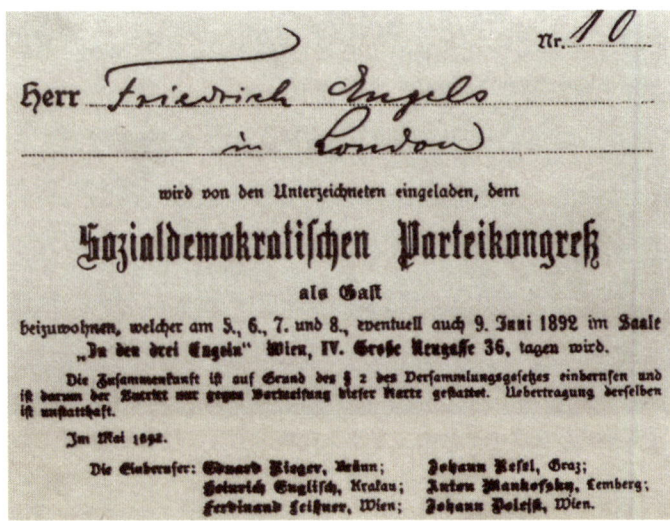

36

欧洲各国工人党相继邀请恩格斯参加他们的代表大会，希望能得到他的当面指导。1893 年 8 月 1 日，恩格斯终于实现了筹划三四年的旅行计划，到欧洲大陆走一走、看一看，打算以纯粹的私人身份旅行，陪同他的是秘书路易莎·考茨基和她的未婚夫——奥地利医生弗赖贝格尔博士。他们计划先经荷兰到达科隆，倍倍尔夫妇在火车站接他们，然后一同去苏黎世。倍倍尔去参加国际代表大会，恩格斯不在大会上露面，私下里与个别同志见面谈一谈。

恩格斯到达科隆后故地重游，心情十分激动。科隆以崭新的面目欢迎这位老人。德国已从农业国变为头等工业国，恩格斯深深感到资本主义工业的发展正在为无产阶级的解放斗争创造更有利的条件。

8 月 12 日，恩格斯来到苏黎世，根据倍倍尔的安排和其他社会主义活动家的强烈要求，恩格斯被邀请出席代表大会闭幕式。当大会主席宣布恩格斯的到来时，会场响起了经久不息的掌声，大会主席团请老人担任名誉主席并致闭幕词。参加大会的有来自 18 个国家的 411 名代表，恩格斯用德语、英语和法语致闭幕词，会场的欢呼声此起彼伏。参加大会的同志们由于能亲眼见到伟大导师和亲耳听到老人家的声音而激动万分。"恩格斯万岁！"欢呼声一阵盖过一阵。这次会议的结果是马克思主义派大大加强了在国际社会主义运动中的影响。

在苏黎世代表大会上发表演说之后，恩格斯以私人身份旅行的计划就落空了。9 月 11 日在维也纳，奥地利社会民主党对恩格斯的到来举行极其隆重的欢迎仪式，由于会场只能容纳 600 人，而成千上万的工人都希望见到自己的导师，只好在 9 月 14 日又举行了有几千人参加的大会。大会的消息一经传出，人群从四面八方涌向会场。大厅和所有通道都挤满了人，还有几千人站在街上，凝神谛听从敞开的窗户传出来的每一句话。"如果说我在参加运动的五十年中的确为运动做了一些事情，那末，我并不因此要求任何奖赏。我的最好的奖赏就是你们！"

37

37 在苏黎世第三次国际社会主义工人代表大会上（油画）高莽。1893年，73岁的恩格斯到德国、瑞士和奥地利等地旅行，受到朋友们和当地工人群众的热烈欢迎。8月12日，恩格斯来到苏黎世，参加了第三次国际社会主义工人代表大会的最后一次会议，并在大会上致闭幕词。

38 恩格斯同苏黎世第三次国际社会主义工人代表大会部分代表合影。从左至右：斐迪南·西蒙（倍倍尔的女婿）、弗·西蒙（倍倍尔的女儿）、克·蔡特金、弗·恩格斯、尤·倍倍尔（倍倍尔的妻子）；从右至左：爱·伯恩施坦、雷·伯恩施坦（伯恩施坦的妻子）、恩·沙特奈尔、奥·倍倍尔。恩格斯的笑意清晰地写在脸上（右图）。

9月16日，恩格斯乘坐火车经布拉格到达德国首都柏林。当恩格斯51年前离开柏林时，这里不过是一个小小的"王都"，居民不满35万。现在，柏林已经发展成为拥有200万人口的大工业城市，成为无产阶级的故乡。社会民主党用最隆重的仪式欢迎自己的导师凯旋。

9月22日，在安德烈斯大街的康科迪亚会馆举行盛大宴会，3000张请柬早在两天前就发放一空。威廉·李卜克内西代表社会民主党和广大工人群众热烈欢迎恩格斯，他说这种隆重欢迎，绝不是什么个人迷信，而是出自内心的尊敬。会场的热烈气氛使73岁高龄的恩格斯非常激动，情不自禁地作了即兴发言，他回顾了柏林和德国几十年来发生的重大变化，指出这对于社会民主党意义重大。他动情地说道："德国社会民主党是全世界最统一、最团结、最强有力的党，由于它在斗争中有冷静的头脑、严格的纪律和蓬勃的朝气，它从胜利走向胜利。社会民主党人同志们！我确信今后你们也能履行自己的责任。最后让我高呼：国际社会民主党万岁！"全场欢声雷动，群众激动不已。

> 谁为无产阶级事业这么全心全意地尽了责任,作出了这么大的贡献,我们就应该钦佩谁,感谢谁。……我们感谢恩格斯。
>
> ——威廉·李卜克内西

39　在柏林火车站〔油画〕马常利。1893年9月16日,恩格斯到达柏林,在火车站受到威廉·李卜克内西父子和理查·费舍等人的欢迎。

Friedrich Engels, der Nestor der sozialdemokratischen Partei weilt in Berlin. Wie den Parteigenossen bekannt, hat Engels anfangs August von London, seiner zweiten Heimath, aus nach der Schweiz begeben und in Zürich als Ehrenpräsident der letzten Tagung des internationalen Arbeiterkongresses beigewohnt; von der Schweiz, wo er sich einige Wochen aufhielt, bereiste er mit Bebel Oesterreich; Wien sah ihn am Mittwoch Abend als Ehrengast in einer glänzend verlaufenen sozialdemokratischen Parteiversammlung. Heute, Sonnabend Nacht, kam er in Berlin an.

Seit fünfzig Jahren betritt Friedrich Engels heute Berlin zum ersten Male. Aus der damaligen kleinen Beamten- und Garnisonsstadt ist in dem verflossenen halben Jahrhundert die gewaltige Metropole geworden, auf deren arbeitende, revolutionäre Bevölkerung die Augen aller Proletarier gerichtet sind. Im Jahre 1842 genügte Engels hier als Kanonier seiner militärischen Dienstpflicht.

Was ist in den letzten fünf Jahrzehnten nicht alles geschehen! Das deutsche Bürgerthum erwachte, es machte seine Revolution von 1848, sein letzter kläglicher Versuch, sich der Regierung selbständig gegenüberzustellen, erstickte in der Blut- und Eisenpolitik des Besiegten von Varzin, und der einst so bitter Gehaßte wurde der Nationalgötze der feist und behäbig gewordenen Bourgeoisie.

Unter dem militärischen Glanz, in welchem das neue Deutsche Reich entstand, erwuchs aus unscheinbaren Anfängen die gewaltige, völkerbefreiende Kraft, die dem Proletariat die ersehnte und erhoffte Befreiung bringen wird. Neben den waffenstarrenden Bataillonen unseres „herrlichen Kriegsheeres" erblühten die Heerschaaren des kämpfenden, siegesgewissen Proletariats, dem neben unseren dahingeschiedenen Vorkämpfern Lassalle und Marx Friedrich Engels die schneidigsten, geistigen Waffen geschmiedet hat.

Wenn Friedrich Engels heute mit seinen 73 Jahren die Reichshauptstadt erblickt, so mag es ihm ein frohes und erhebendes Gefühl sein, daß aus der verknöcherten und verzopften Residenz des Königs von Preußen aus dem Jahre 1842 jenes gewaltige Proletarierheim geworden ist, welches ihn heute begrüßt als — das sozialdemokratische Berlin.

40

41

42

40 《前进报》9月17日发表的恩格斯来到柏林的文章

41 9月22日欢迎恩格斯大会的请帖

42 欢迎恩格斯大会的入场券

43 警察当局关于社会民主党议员欢迎恩格斯的宴会的报告

44 1893年10月1日《柏林画报》上刊载的恩格斯在德国社会民主党欢迎大会上发表演说的图片

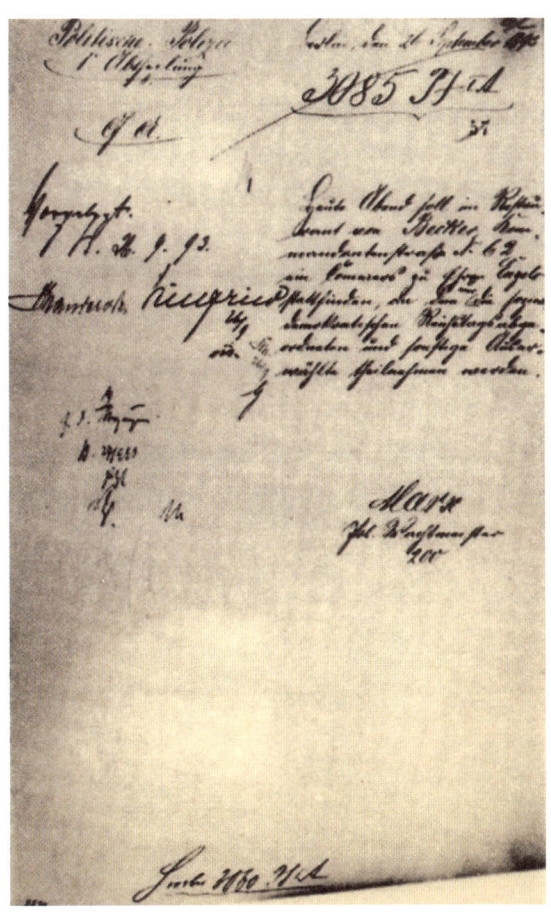

43

44

1893年9月29日，恩格斯回到伦敦。恩格斯的这次欧洲大陆之行，对欧洲工人阶级来说是巨大的鼓舞，也无意中对欧洲无产阶级的蓬勃发展作了一次盛大的巡礼。

在欧洲大陆逗留的两个月，给恩格斯留下了深刻印象。他惊讶于资本主义经济生活发生的巨大变化，同时也确信社会主义运动几乎在欧洲所有国家都深深扎下了根。

恩格斯晚年面对的是一个激烈变动着的资本主义世界。19世纪70—90年代，人类发生了以电力的发现和运用为标志的第二次科学技术革命，城市愈加繁荣，工业发展迅速，资本主义国家政治经济不平衡的规律也日益显现。马克思和恩格斯在七十年代就敏锐地观察到资本主义经济中一些很重要的新现象，到十九世纪末更为明显。

恩格斯把资本主义发展的新现象，即大量生产资料集中在垄断组织和资产阶级国家手里以及交易所作用的增长，看作是社会主义的物质前提和社会主义革命的客观基础的准备。同时，社会主义运动迅速发展标志着社会主义革命的政治前提即它的主观因素已经形成，这是资本主义经济发展的自然结果。恩格斯认为，"起义和战争的年代即将来临"。

恩格斯反复思考了工人运动和社会主义运动的前途，尽力帮助各国工人阶级政党有充分准备地迎接即将来临的事件，竭力使社会主义运动的活动家掌握马克思主义，学会在各国具体条件中创造性地发展和正确运用马克思主义。

在谈到未来社会时，恩格斯采取审慎而辨证的态度。1893年恩格斯在接受法国《费加罗报》记者采访时指出："我们是不断发展论者，我们不打算把什么最终规律强加给人类。关于未来社会组织方面的详细情况的预定看法吗？您在我们这里连它们的影子也找不到。"因为在恩格斯看来，"所谓'社会主义社会'不是一种一成不变的东西，而应当和任何其他社会制度一样，把它看成是经常变化和改革的社会。"

恩格斯认为，新社会的最大优越性在于，随着生产资料公有制在历史上第一次确立起来，全部科学文化财富将不是只为一小撮特权人物谋利益，而是为整个社会和每个人谋利益。

恩格斯明确地把生产资料公有制和它的具体的实现形式即社会组织的具体细节加以区分。他主张废除生产资料私有制，把生产资料转交整个社会，实行生产资料公有制。但是，生产资料公有制并不直接等于生产组织的具体形式，要把公有制的实现形式的变化和发展看作生产和社会组织的变化和发展。公有制的实现形式必须符合经济发展的需要，必须符合劳动人民的利益，必须具有经济上的可行性，可以采取多种多样的实现形式。

恩格斯晚年多次告诫各国党必须根据实际情况研究、解决问题，不能把"从外国输入的、常常是没有弄懂的理论变成一种唯一能救世的教条，并且同任何不接受这种教条的运动保持遥远的距离。"

恩格斯晚年不仅为指导各国工人政党和国际工人运动殚精竭虑，而且为捍卫和发展马克思主义呕心沥血。他在晚年撰写的许多著作和书信中提出了一系列新思想和新观点，丰富发展了马克思主义理论宝库。

恩格斯从不把自己的理论凝固僵化，从不把自己的理论视为终极真理，总是不断地研究新情况、新问题，从而作出新的理论概括。恩格斯晚年重新出版了马克思和他本人发表过的一些重要著作，为其撰写新的"导言"或"序言"，进一步阐发了无产阶级革命和无产阶级专政的基本理论，并根据资本主义发展的新情况和工人运动的新经验为无产阶级政党制定新的策略原则。

恩格斯晚年丰富、发展了马克思主义哲学。他撰写了《路德维希·费尔巴哈和德国古典哲学的终结》，精辟论述了马克思主义哲学同德国古典哲学之间的批判继承关系和本质区别，系统阐述了辩证唯物主义和历史唯物主义的基本原理。

他在晚年的许多重要书信中批判了把马克思主义庸俗化、教条化的错误倾向，强调马克思主义是发展的理论和行动的指南，进一步论述了历史唯物主义的基本原理和指导意义。

恩格斯晚年还研究了无产阶级革命的策略问题。1894年11月，他撰写了《法德农民问题》，阐明了工农联盟在无产阶级革命中的重要性，论述了无产阶级取得政权后对待农民问题的方针政策。

马克思逝世后，有人出于善意不止一次地提到恩格斯参加了制定这一理论的工作，建议把马克思主义改称为马克思恩格斯主义或者直接称为恩格斯主义。对于这种建议，恩格斯恳切地说道："我不能否认，我和马克思共同工作40余年，在这以前和这个期间，我在一定程度上独立地参加了这一理论的创立，特别是对这一理论的阐发。但是，绝大部分基本指导思想(特别是在经济和历史领域内)，尤其是对这些指导思想的最后的明确的表述，都是属于马克思的。我所提供的，马克思没有我也能够做到，至多有几个专门的领域除外。至于马克思所做到的，我却做不到。马克思比我们大家都站得高些，看得远些，观察得多些和快些。马克思是天才，我至多是能手。没有马克思，我们的理论远不会是现在这个样子。所以，这个理论用他的名字命名是理所当然的。"

45

45 在新形势下捍卫和发展马克思主义（木刻）李焕民。1892年，恩格斯出版了《社会主义从空想到科学的发展》一书的英文版，并写了序言，他在序言里说明了唯物主义历史观的实质。恩格斯在19世纪90年代同弗·梅林等人的通信中批判了流行一时的经济唯物主义，进一步发展了历史唯物主义。

1894年10月，恩格斯的家搬到了瑞琴特公园路41号。新住宅更为宽敞，庭前院后都是小花园。离樱草丘一百步，离瑞琴特公园入口处更近。老人在这里过了74岁生日后，身体明显不如以前了。然而，恩格斯仍然保持着旺盛的斗志和乐观的精神。

"我的状况是：74岁了，我开始感觉到这一点，而工作之多需要两个40岁的人来做。真的，如果我能够把自己分成一个40岁的弗·恩格斯和一个34岁的弗·恩格斯，两人合在一起恰好74岁，那么一切都会很快就绪。但是在现有的条件下我所能做的，就是继续我现在的工作，并尽可能做得多些好些。"

恩格斯作为伟大的学者和战士真正做到了生命不息、战斗不止。在他生命的最后半年，他为自己制定了雄心勃勃的工作计划，首先要为自己亲密的战友马克思写一部政治传记；其次，要把整理和出版《资本论》第四卷排上日程表；第三，要把马克思和自己所有的文章以全集的形式出版。

然而这些计划并没有来得及实现。1895年3月，恩格斯病倒了，不久，他的颈部右侧出现了一个肿块，并迅速扩散，给他治病的医生知道，他患了食道癌。到5月时，剧烈的疼痛使老人夜不能眠。他一天只能吃几个牡蛎，食用白兰地酒冲鸡蛋，烘饼配甜煮水果。恩格斯虽身患重病，但还是关心种种事情，几乎到最后一天仍继续工作。

1895年7月26日，在弥留之际，恩格斯在病榻上对遗嘱作了若干补充。他嘱咐，马克思的全部著作（手稿和书信）和信件移交给马克思的法定继承人——他的女儿爱琳娜。他还嘱咐，从他的遗产中拨出一千英镑作为倍倍尔和辛格尔的议会活动经费。这实际上是恩格斯交的最后一笔党费。恩格斯还给马克思的孩子们留下了足够的生活费。在他价值三万英镑的遗产中，指定马克思的女儿劳拉和爱琳娜两人各得八分之三；她们二人所得份额的三分之一是属于马克思长女燕妮的孩子们的，由她们负责保管。恩格斯还指定倍倍尔、伯恩施坦为他的遗嘱执行者。但没有料到的是，在恩格斯去世后不久，伯恩施坦就背叛了恩格斯的遗言。

1895年8月5日晚10时30分，恩格斯病逝了，这一噩耗，使世界为之震惊。欧洲一百多份报纸刊登了恩格斯逝世的讣告或消息，欧美的几十种社会主义报刊相继发表了悼念恩格斯的文章，欧美各国无产阶级沉痛悼念这位现代无产阶级的伟大导师，用各种语言表达着对他的无限敬仰、崇敬和痛惜之情。

1895年9月27日，遵照恩格斯的遗愿，爱琳娜、列斯纳、艾威林和伯恩施坦将恩格斯的骨灰送到伊斯特本海岸，投入浩瀚无垠、波涛澎湃的大海。

"一盏多么明亮的智慧之灯熄灭了，一颗多么伟大的心停止跳动了！"

46

47

46 忙于工作的恩格斯（素描）茹科夫

47 恩格斯的起居室

48 恩格斯在伦敦瑞特琴公园路41号住过的房子

48

49　海滨疗养（油画）汤小铭。1895 年 6 月，恩格斯因病到他喜欢的伊斯特本海滨疗养。

I, Frederick Engels of 122 Regents Park Road London hereby revoke all former Wills made by me and declare this to be my last Will. I appoint my friends Samuel Moore of Lincolns Inn Barrister at Law Edward Bernstein of 50 Highgate Road London Journalist and Louise Kautsky who now resides with me at 122 Regents Park Road Executors of this my Will and I bequeath to each of them the sum of £250 (two hundred and fifty pounds) for his or her trouble. I bequeath to my brother Hermann the Oil portrait of my Father now in my possession and in case my said brother should predecease me I bequeath the same to his son Hermann. I bequeath all the furniture and other effects in or about or appropriated for my dwelling house at the time of my death other than money or securities for money and except what I otherwise dispose of by this my Will or by any Codicil thereto to the said Louise Kautsky. I bequeath to August Bebel of Berlin in the German Empire member of the German Reichstag and Paul Singer of Berlin aforesaid Member of the German Reichstag jointly the sum of £1000 upon trust to be applied by them and the survivor of them in furthering the election to the German Reichstag of such persons at such time or times and in such place or places as the said August Bebel and Paul Singer or the survivor of them shall in their or his absolute discretion think fit. I bequeath to my Niece Mary Ellen Rosher Wife of Percy White Rosher of The Firs Beading Road Ryde Agent and Accountant the sum of £3000. I direct that all Manuscripts of a literary nature in the handwriting of my deceased friend Karl Marx and all family letters written by or addressed to him which shall be in my possession or control at the time of my death shall be given by my Executors to Eleanor Marx Aveling of 7 Grays Inn Square W.C. the younger daughter of the

50 1893年7月29日，恩格斯写了一份遗嘱，这是遗嘱手稿的第一页。1895年7月，恩格斯又对遗嘱作了补充。

51 恩格斯1894年11月14日给劳拉和爱琳娜的信，信中对他的遗嘱作了说明。

52 1895年7月23日，恩格斯给劳拉的信，这是恩格斯最后一封亲笔信。内容如下：

1895年7月23日于伊斯特本
亲爱的小劳拉：

明天我们要回伦敦。看来我脖子上的这块土豆地终于到了紧要关头，脓肿处可以切开，那样就舒服了。终于等到了！漫长的道路有希望走到转弯处了。早就是时候了，因为我已经被食欲不振等等弄得十分虚弱。

这里的选举结果正象我说的那样，托利党赢得了很大的多数，自由党人无可挽回地被击败了，我希望他们彻底瓦解。独立工党和社会民主联盟的吹嘘所面临的事实是：到目前为止约有八万二千票（不大可能再增加了）投给工人候选人，另外，凯尔·哈第失去了席位。然而这比他们所能希望的还要好些。

维克多·阿德勒正在这里。关于保尔与《工人报》之间的协议，你或保尔是否有什么事要问他，或者要我代你们同他打什么交道？

我无力写长信，就此再见。让我斟满一杯加了陈白兰地酒的冲鸡蛋祝你健康。

向保尔问好。

永远是你的 弗·恩格斯

53

53 恩格斯最后的照片（摄于1893年）。1895年8月5日晚10时30分，国际无产阶级的伟大导师恩格斯在伦敦逝世。

54 1895年悼念恩格斯的报纸

55　俄国《工作者》文集 1896 年第 1—2 期合刊刊载了列宁写的悼念文章《弗里德里希·恩格斯》

56　悼念一代伟人（油画）闻立鹏。1895 年 8 月 10 日，在伦敦威斯敏斯特的滑铁卢车站大厅，举行了恩格斯的追悼会。参加追悼会的有恩格斯的亲属、战友等 80 余人。威廉·李卜克内西、奥古斯丁·倍倍尔和保尔·拉法格等在追悼会上致词。

你给我们指出了战斗的场所,你给了我们武器和口号。我们将斗争下去,我们一定会胜利!

——保尔·拉法格

他既是指路人,又是带路人;既是领袖,又是战士。在他身上体现出了理论与实践的结合。

——威廉·李卜克内西

> 马克思和恩格斯的具有世界历史意义的伟大功绩，在于他们用科学的分析证明了，资本主义必然崩溃，必然过渡到不再有人剥削人现象的共产主义。
>
> 马克思和恩格斯的具有世界历史意义的伟大功绩，在于他们向各国无产者指出了无产者的作用、任务和使命就是率先起来同资本进行革命斗争，并在这场斗争中把一切被剥削的劳动者团结在自己的周围。
>
> ——列宁

57　英名长存（中国画）郭全忠。根据恩格斯遗嘱，他的骨灰由爱琳娜、列斯纳和伯恩施坦护送，投入了大海。